班雅明與他的時代

1

流　　浪

費德雷‧帕雅克 Frédéric Pajak　著

梁家瑜　譯

Manifeste Incertain

Avec Walter Benjamin, rêveur abîmé dans le paysage

存在的碎片與憂鬱的共同體
—— 一個陪伴性的游移式導讀

蔡士瑋
法國里昂第三大學哲學博士、水林藝術空間策劃及策展人

我將談論鬼魂、火焰和灰燼。還有，對海德格來說，什麼是「避免」。

——德希達（Jacques Derrida），《論精神》（*De l'esprit*, 1987）

　　據說班雅明（Walter Benjamin, 1892-1940）喜愛旅行，生平第一次旅行的地點是義大利北部。

　　哲學家喜愛旅行的不多，大多都是因為被迫遷離的關係。然而，「哲學」（philosophia）這個詞在一開始使用的時候其實跟旅行有很大的關係，意思是所謂的「壯遊」。後來在雅典城中出現了「智者」（sophist）也是因為到處遊歷而見多識廣能夠稱為帶有智慧（sophia）的人，這也是古希臘人對「智慧」的理解。哲學家後來取代了智者成為「愛好智慧卻與智慧有距離」的人，這或許也就造就了哲學家大多不是以旅行為主的形象吧！近代哲學之父笛卡兒（René Descartes, 1596-1650）早年跟著軍隊旅行歐洲，因為其奉行「世界是一本大書」的遊歷學習觀念，之後則躲藏於荷蘭二十年不再旅行，最後一次旅行於瑞典則害了他的命，這點倒是與班雅明相近，只是後者最後的旅行其實根本上是逃難。尼采（Friedrich Nietzsche, 1844-1900）的旅行則是為了自己疾病的休養，最後他在 1889 年於義大利杜林發瘋，被朋友帶回德國，十年後死在家鄉的威瑪近郊的一間兩層樓的房子裡。黑格爾（Georg Wilhelm Friedrich Hegel, 1770-1831）則因為工作的關係在

當時的普魯士到處旅行，後來成為柏林正教授才落腳並逝世於此⋯⋯。1940 年 9 月 26 日，生長於柏林的班雅明，為了逃離納粹的拘捕，在法國和西班牙邊境的波爾特沃（Portbou）鎮上自殺身亡，享年四十八歲。

死亡不必然是旅行的終點，但旅行的終點和起點都有可能是家。波特萊爾說過：「離開家卻覺得無處不在家。」離開了卻覺得到處都是家，這不就像是在說一種以街頭為生的漫步者（flâneur）或是帶著家當的游牧的概念嗎？同時，卻也可能是一種身不由己的、離不開家的概念，雖然這並非尼采所說的「永恆回歸」概念，也不是佛陀示現的出家是為了真正能回家、離開是為了重回，而或許比較像是一種特殊的懷鄉，尤其是度過了殖民統治的當代處境，家園對人民來說像是異地，甚至像是逃難。班雅明逃離了德國來到巴黎，巴黎對他來說像是精神的家園，這跟策蘭（Paul Celan, 1920-1970）、蕭杭（Emil Cioran, 1911-1975）、列維納斯（Levinas, 1906-1995）等人相近，巴黎已經不再只是一座避難的城市，而是一個語言和文化皆能寓居於此的所在。巴黎不只是巴黎，巴黎不完全是巴黎，對班雅明來說，巴黎尚待發現，巴黎作為城市是未完成的，生活在巴黎、巴黎的生命也還是不可定義和不可決定的⋯⋯。這或許就是《不確定宣言》（中文版名為《班雅明與他的時代 1–3》）所給出的意義之一。

《不確定宣言》是由對立的概念組成的。

「宣言」是確定的、肯認的和主動積極的，「不確定」概念卻帶來不穩定、不能被決定的、不可預期的和不可定義的，甚至也有自由的和未完成的等相關的與「宣言」概念對立的意思。作者帕雅克說：「對於被抹去的歷史與時間戰爭的追憶，以一種錯位的方式來說，就是《不確定宣言》的目的。」這便是與「記憶」和「檔案」概念的連接，宣言的目的是記錄主張，然而這種記錄卻是被抹去的和不確定的，就是檔案的不確定。不確定的檔案就不能歸檔，因此就是未完成的檔案。這個「未完成的檔案」其實也是對立的概念組成，因為「檔案」（archive）與「完成」（achever）是同一個古希臘字源「起源／原則」（arché）。因此，這不是單純地一般所謂的「檔案」，而是與起源和生命有關的檔案或是存在意義的檔案。因此，我們說：《不確定宣言》不是一本書。

這不是一本書，因為作者帕雅克說「每天這本書都會死去一次」，而且「《不確定宣言》死不完」。

根據帕雅克，這是一本夢的書、一本夢到的書，或許也是一本夢想的書，而

這個夢想就像是宣言一樣。但是，這個宣言卻充滿著死亡和哀愁的意象，而不是夢想的光明意象。尼采在《悲劇的誕生》中區別過理性光明的太陽神和狂熱瘋癲的酒神意象，後來巴修拉（Gaston Bachelard, 1884-1962）更是藉著精神分析帶入了白日夢想的做夢主動能量和夜晚睡夢的區別。而作者所引的切薩雷·帕韋斯（Cesare Pavese, 1908-1950）也提示我們：每次我們入睡，「夢就在等著我們」，因此不是我們創造了夢，是夢招喚我們入睡，它們早就在那了。至此，這不只是一本書，作者不這樣認為，書自己或許也是。那麼，這是有生命的、活生生的書。「每張畫布底下，都有如斯苦痛。」帕雅克所引的句子如是說。

1929 年，惹內·瑪格利特（René Magritte, 1898-1967）在畫作《形象的叛逆》（La Trahison des images, 1929）中寫下了一行著名的句子：「這不是一根菸斗」（Ceci n'est pas une pipe）。這並不只是作為超現實主義者瑪格利特試著超脫視覺感官經驗的束縛，而更是讓我們反思繪畫與文字之間的關係。

我們或許不能將《不確定宣言》當作一本書，而是一整套思想，甚至是一整個生命表現。柏格森（Henri Bergson, 1859-1941）曾將我們的身體、這個作為物質的身體都當作影像（image）來看待，這個身體的運動就是影像的運動生命。而翻開本書，我們就看到這個生命以圖像（image）和文字的表現呈現給我們，所以我們說這本書不是一本書，是創作，而創作的古希臘文 poietikes 正是我們現在用來談「詩」的這個字，因此創作是詩、是作品，而這首生命的詩並不僅僅是一本書。至少，書頁各自獨立、章節各自獨立、文本與圖畫（dessin）也各自獨立。

所以，這本書的組成也就像書名一樣擁有某種對立，亦即圖與文的對立。當然，圖畫與文字到底哪個比較不確定呢？宣言一般是用文字組成的，但是在本書裡卻很難說，或許是用圖畫呢！別忘了圖畫裡有情緒還有千言萬語！文字和圖畫本來是相似的。就原始的人類來說，文字其實就是圖畫，就是我們所謂的象形文字，然而歷史學後續的發展卻跟文字紀錄比較相關，雖然在哲學史上，文字跟圖像（image）處在同一個地位。這個地位的確立跟柏拉圖和他筆下的蘇格拉底有關。

在柏拉圖的《理想國》（La République）裡，使用文字的詩人和用圖畫雕塑等為生的藝術家都不能待在理想國裡，因為圖像和文字都是死的，需要通過說話口語來幫助才能有效地使它們有意義，更不要說圖畫是會敗壞人心的，因為圖畫

只是對現實事物的模仿，而現實事物是對真理的模仿，故圖畫只是模仿的模仿，本身沒有任何價值。而文字只是補充，不是圖像的補充，而是說話口語的補充，這個是在〈費德羅〉篇（Phèdre）提到的主張。這樣使得文字和圖像以及使用它們來工作的人都沒有半點價值，而且他們使用的文字圖像還會敗壞我們的心靈，因為圖像是在知識序列的最底層，對柏拉圖來說是最低級的知識，也是虛假的知識，是影像（image），是對真實事物的模仿的模仿。然而，這或許是哲學家的貧困，而不是藝術家的貧困，雖然這個評論或許不能用在偉大的柏拉圖身上。不過，這便讓我們思考本書表現的方式到底是將其圖畫與文字的關係放在什麼樣的位置呢？通讀此書會發現，圖與文之間不見得有關係，偶爾或許還會有圖文不符的想法，然而這種作者所謂的「錯置」或許就是為了啟動思考：到底圖畫與文字之間是一個對立的、平等卻模仿的，還是平行的，甚至是彼此補充的關係呢？

賀拉斯（Horace, 西元前 65-8）在其《詩藝》（*Ars Poetica*）中提出過「畫中有詩，詩中有畫」（Ut pictura poesis）。這後來在萊辛（Lessing, 1729-1781）討論《拉奧孔》（*Laocoon ou Des limites respectives de la poésie et de la peinture*, 1766）的時候重提了出來作為對拉奧孔事件與其藝術表現之間的關係，主要的討論點就在文字和圖畫的界限。到底哪個才能夠表現出拉奧孔真正的情緒呢？到底詩與畫之間的界限和表現的力道孰高呢？雖然萊辛舉了維吉爾（Virgile, 西元前 70-21）作為依靠而提出兩者所表現的對象不同，範疇則各異，卻隱含了詩的文字因為是面向想像力而在某方面高於面向於美的其他藝術表現，像是雕塑和繪畫等。帕雅克認為班雅明崇拜文字，然而，卻不如說他其實崇拜語言。班雅明夢想著純語言，這個純粹的語言與其彌賽亞救贖的猶太信仰結合起來。但也因為班雅明熱愛並崇拜語言，所以他深知語言與文字的限制性，於是他亦愛好各種藝術，其中也包含攝影和電影等新興的技術表現。

貝克特（Samuel Beckett, 1906-1989）說：「我畫的是畫外的東西……我畫的是畫的不可能性。」畫中有真理，如同塞尚（Paul Cézanne, 1839-1906）所說，但卻不在畫裡。畫只是記錄（是檔案），記錄的是有著情緒的眼光所見之物——風景。這個風景卻不是情緒，情緒展現在風景裡，真理永遠在他方。這或許也是文字在此書的意義。這個意義不是補充，也不是說明，而是引導。但是這個引導不像是但丁（Dante Alighieri, 1265-1321）《神曲》（*Divina Commedia*, 1320）裡帶著敘述者上天下地的心靈和學問導師，或者像是施洗約翰對耶穌來說的意

義，而比較是引導我們更接近畫，也更遠離畫。就像卡爾・克勞斯（Karl Kraus, 1874-1936）所說：「我們越是湊近凝視文字，文字就越是從遠方凝視我們。」文字像是幽靈，似近忽遠，引導我們思考和感受。因此，這種迂迴又直接進入的書……「這看來與藝術毫無關係……。」（貝克特語），《不確定宣言》或許因此不是一本藝術的書，卻是作品，是夢想的作品。

　　就此書內容來看，這首先不只是關於班雅明，而是關於時代、關於存在，關於生命的憂鬱以及政治，甚至關於回返。在法文裡回返的動詞是 revenir，它可以寫作動名詞 revenant，這時就會有好幾個意思：回返、一直不斷的回返，很久不見的人，或是飄蕩者，也就是鬼魂。其中，時間是其中介。書中的時間不是線性的也不是循環的，而比較是交雜藝術創作與生命體驗以及交錯的經驗時間，時間跟隨敘述和編排，在現代化的班雅明與作者帕雅克的過去之間來回穿梭。

　　在表現方式上，帕雅克或許將他的人生與他人的故事重合。對班雅明來說，說故事的藝術是重要的，這也是為何帕雅克會以這種方式說自己和他人的故事。這些故事裡面都還有幾個他者：除了動物和城市以外，或許還有幾個概念和幾個文本和場景。這是敘事，然而並非沒有結構和邏輯，卻是感覺的或是美學的邏輯，甚至情感的邏輯。這便是班雅明在追問關於說故事的藝術的消逝或是所謂的無聊的消逝，世界越來越繁雜，以至於沒有真正的無聊，也不再追問生命真正的深沉意義。人們沒有真正的閒暇，沒有真正的娛樂，生命已經來到需要救贖的時刻了。那麼這是當代的我們真正的貧困，這個貧困不是出於經濟的原因，而是出於心靈和說故事的技藝的貧乏。說故事的技術像是手工業的編織，這個觀念來自柏拉圖，現在早已被工業科技所取代了。

　　那麼，敘述上，此書像是他者的自傳，也是他者的自我畫像，亦是自我對他者的畫像。帕雅克在其中與班雅明對話，也與班雅明的時代和班雅明的朋友們對話。他扮演和模仿班雅明，試著追蹤和透析班雅明，或許也替班雅明說話，然後慢慢地變成（devenir）班雅明，將班雅明肉身化（incarner）。帕雅克從他者來說自己，從他者說到班雅明，從「我」說到其他人。從遠到近，迂迴又進入，從遠處到近處，從近處再到遠處。此書裡面所談論的「我」，並不能簡單地確定是誰，這也是不確定的，雖然這個「我」是不確定的，但這個「我」卻是一種宣言的開頭，雖然這個宣言的「主體」是不確定的。而這也就或許是帕雅克要傳達的意思。

那麼，在此創作的邏輯與夢想的邏輯在某方面是一致的，而以「跟隨」（suivre）這個概念作為主軸。那麼，是帕雅克跟隨班雅明，還是帕雅克讓班雅明跟隨呢？無論如何，在此，班雅明就是（est）帕雅克，反之亦然。[*] 那麼，帕雅克是作者還是代言者，是班雅明的朋友還是代言者呢？甚至，班雅明還需要一位代言者嗎？在羅蘭巴特（Roland Barthes, 1915-1980）和傅柯（Michel Foucault, 1926-1984）提出了所謂「作者已死」和「人之死」之後，我們還跟隨作者嗎？在尼采提出了「上帝之死」作為當代哲學的開端之後，歐洲很快的經歷了第一次世界大戰（1914-1918），因此歐洲開始了重新追問人的存在的處境和其生存意義。第二次大戰（1937-1945）前後，法國結構主義者們反省了人作為結構性的存在其實不能、也不會真正的決定自己存在的意義。而本書的內容正處在這樣的時期的延伸與對照——從班雅明的時代到帕雅克以及我們的當代世界樣態。

班雅明如何談論作者之死呢？首先，班雅明將其稱為「敘述者」（Der Erzähler/Le narrateur，中文又翻作「說故事的人」）。在《敘述者》（《說故事的人》）11 節中他提到：「死亡賦予敘述者所能講述的任何東西以神聖的特性。敘述者的權威來自於死亡。」這或許是班雅明理解的「作者已死」的意義。同時據說他給自己一個規定：「除了書信以外，絕對不用『我』這個字。」這一方面使作者之「我」不再出現，以避免其「死亡」威脅；二方面，作者（敘述者）自身就包含死亡，因為會死才使得作者（敘述者）的意義和權威得以出現，這同時也是人之所以存在的定義。當然，或許這也使得作者（或敘述者）獨立於世。他曾說：「小說家把自己孤立於別人。小說的誕生地是孤獨的個人。」所以，這個「孤獨是自己創造出來的」。莒哈絲（Duras, 1914-1996）如是說。而且作為作家，莒哈絲也似乎承接了班雅明的想法，在《寫作》（Ecrire, 1993）的〈序〉中她說道：「寫作的人永遠應該與周圍的人隔離。這是一種孤獨。作者的孤獨。作品的孤獨。」

跟作者有關的概念之一，就是寫作。寫作是孤獨的。或者，孤獨是一種寫

---

[*] 這個主張來自於德希達使用的法文動詞變化 suis。suis 是第一人稱動詞單數，同時是「跟隨」（suivre）和存有／介係詞原型（être）的第一人稱單數變化。因此，說「我跟隨」（je suis）也可以翻成「我是」（je suis）。請參閱德希達的《我所是／跟隨的動物》（L'Animal que donc je suis），Galilée 出版，2006。

作，如此，寫作就是生命。通過莒哈絲，我們知道寫作還意味著拯救，即從意味著死亡、書籍和酒精的、無處不在地孤獨中拯救出來。龐德（Ezra Pound, 1885-1972）說過：「作家的社會功能是保護活著的語言，讓它繼續作為精確的工具。」因此，除了解救於孤獨，作家的責任就是拯救語言，而這個語言的拯救在某方面來說其實也是拯救世界，反之亦然。在當代哲學經歷「語言學轉向」之後，世界由語言及其內在概念所建構，而從現象學和精神分析的發展上來看，拯救語言除了是拯救世界外，亦包含哲學家長久以來的根本工作——拯救現象，而其實拯救現象就是為了解救真正的生命，不論是精神性、觀念性或是物質性的生命。那麼，作家書寫為避免於不存在，作品使得作家存在，因此書寫拯救存在，書寫使其存在（zu-sein），因為存在是權利，寫作可以獲得存在。而且文字是保存，是記憶之所在，也是實在的供應者。書寫或寫作在此不是蘇格拉底—柏拉圖等傳統哲學意義下的補充。莒哈絲說：「我們身上負載的是未知，寫作是觸知。」書寫反而是起源，是使得我們存在的根源。

至此，或許我們開始可以理解本書的情感基調，就是一個存在的孤獨所引發的憂鬱表現。這也許是試圖對生命的追問，同時也是對自我的追尋，甚至是對一個逝去的延異的（différant）歷史的回憶與記錄。除了人像之外，連書中的自然風景包括大海或是風吹過的樹葉等都是孤獨與憂鬱的。這個憂鬱的基調充斥在所有頁面以及文字裡，就像莒哈絲所說：「文字是夜間動物的叫聲，是所有人的叫聲……。」然而，是沉默又沉重的……。因此，我們看到帕雅克並非採用表現主義式的呈現，而比較是回到印象派的表達：心靈與情感的風景和視野交錯與混雜共生。而帶領這個存在憂鬱基調的是時間。

存在的時間，「存在與時間」，通過海德格（Martin Heidegger, 1889-1976），存在就是時間性的，時間也是存在的根本性質。書裡的時間正如班雅明所提及的某種特殊的時間——「一個均質而空洞的時間。」存在的空無與無聊在書中與班雅明的生命故事結合了起來。令人窒息的悲傷，等待與期待救贖，在每一冊的最後一章都試圖重新捕捉班雅明最後的時光，但是，如同卡夫卡所說：「語言發現自己被消滅了。」一種不可能的捕捉呈現的卻是無盡的死亡和某種離散。不過，帕雅克卻還是寫道：「正是過去的悲劇與黑暗的時刻照亮了當下。」生命在此展現……「僅僅因為無望的緣故，我們才抱有希望……」班雅明也曾如是說過。這個「均質而空洞的時間」其實就是彌賽亞時間。作為受到猶太神祕主義專

家修勒姆（Gershom Scholem, 1897-1982）影響的班雅明很早就開始回顧其猶太傳統的研究，這個猶太神祕傳統的彌賽亞救贖信仰就此根植於其思想中，因此這種等待與憂鬱是朝向著未來的，未來會一直到來也不會到來，直到彌賽亞到來、直到帶來救贖。而到來前的等待則是一種準備。「因為在未來，每一秒對彌賽亞來說都或許是隨時可以進入的窄門。」而每一個當下「都嵌入了彌賽亞時間的碎片」。以上兩句都是班雅明生命最後的文章〈歷史哲學論綱〉中最後的句子。

最後，班雅明在〈譯者的任務〉中提到「碎片」：「如果我們要把一隻瓶子的碎片重新黏成一隻瓶子，這些碎片的形狀雖不用一樣，但卻必須能彼此吻合。同樣，譯作雖不用與原作的意義相仿，但卻必須帶著愛將原作的表意模式細緻入微地吸收進來，從而使譯作和原作都成為一個更偉大的語言的可以辨認的碎片，好像它們本來是同一只瓶子的碎片。」一個譯作必須能夠再現原作的意圖，並和諧地補足原作的語言。「一個真正的譯作是透明的，它不會遮蔽原作，不會擋住原作的光芒，而是通過自身的媒介加強了原作，使純語言更充分地在原作體現出來。」因此，「譯者的任務就是在自己的語言中把純語言從另一種語言的魔咒中釋放出來，是通過自己的再創造把囚禁在作品中的語言解放出來。」也就是說，翻譯就是原作的未來，是原作的生命的延續。譯作的使命就是使原作語言成熟，使得其擁有後起的生命。在此，這也蘊含了帕雅克的作品和我們「讀者的責任／使命」之間的關係。帕雅克藉著班雅明，我們藉著帕雅克，在一種無歷史的系譜中閱讀與書寫。作為讀者的翻譯，通過中文在使用中文的讀者在閱讀中的翻譯，或許是作者與讀者之間的友誼關係，一種既遙遠又近在咫尺的關係。我們的任務或許在當中試圖理解他們，通過他們思考並接續著對自我的存在和認同的無盡追尋，並在生命的星座叢中劃下屬於自己的痕跡。

蔡士瑋

法國里昂第三大學哲學博士，現任中山大學哲學研究所兼任助理教授及多所高中哲學教師，研究領域為政治與文化哲學中身分認同及語言問題。博士後研究則是關於德希達猶太身分認同和彌賽亞政治神學問題。回國之後同時兼任屏東南州「水林藝術空間」策劃及策展人，並著手台灣美術史和藝術美學的相關研究。

目次

前言

　　我是個孩子，大約十歲大。我夢到了一本書，字詞與圖像交錯。到各地的歷險、收集的回憶、文句、幽靈、被遺忘的英雄、樹木、狂暴的海。我積攢著句子和繪畫，在夜裡、在週四下午，但特別是在心絞痛與支氣管炎的日子，獨自待在公寓家裡，無拘無束的時候。我搭起了我很快便摧毀的鷹架。每天這本書都會死去一次。

　　十六歲了。我進了美術學院，感到百無聊賴。六個月後，我毅然決定放棄。把自己的畫全燒了：這些畫和我夢中的書毫無相似之處。

　　我成了個跨國臥鋪火車上的服務員。這本書又突然冒了出來，在某天晚上某一節車廂裡，和一位睡不著覺的旅客聊了好幾個小時之後。拂曉時分，在羅馬火車站旁的一間咖啡店裡，我想出書名了：《不確定宣言》*。在那個年代，到處都是各種意識形態，左派的、法西斯的，以及各種在腦袋裡翻攪的信念。義大利許多恐怖攻擊被歸咎於無政府主義者。事實上，那是新法西斯主義者的小群體幹的，背後操控的是祕密警察。誰出的錢？有人說是基督教民主黨高層，有人說是共濟會 P2 會所（Loge P2），甚至有說是中情局的。一切都亂成一團。在工廠裡，工人全面自治已經成了日常秩序。所有政黨都憂心忡忡。該如何讓勞動階級閉嘴？恐怖主義證明了是抵擋烏托邦最有效的療法。

　　我已經在一份小報上發表過一篇名為〈不確定宣言〉的短篇故事，年輕時形式錯誤的模糊嘗試。那時我住在瑞士。我離開了瑞士。我在薩爾賽勒（Sarcelles），

---

* 編注：本書原名 Manifeste Incertain，意為《不確定宣言》，自 2012 至 2018 年，已出版七部。繁體中文版選輯一至三部，編為《班雅明與他的時代：流浪、孤寂、逃亡》套書三冊。

巴黎的郊區，獨自度過夏日。在西堤區（la cité）荒蕪的八月，在一座塔的地基旁邊的街區裡有間酒吧，是唯一的一間酒吧。來光顧的只有北非人。正是因為和他們有了一些交往，我才決定要盡快離開，前往阿爾及利亞，為了尋找《宣言》。但這是另一個故事了。此刻，書已成形，意思是成了令人厭煩的草稿的形：一個孤獨者的靈魂狀態，出於苦戀的抽象報復，對意識形態、對時代氛圍與對逝去時光的怒吼。

我在巴黎住了下來，在皮加勒路（rue Pigalle）42 號頂樓，一間兩房的小屋。依舊孤絕，沒有女人，沒有朋友。一年的孤獨與悲慘。沒錢，沒工作。我試著出版我的圖畫，但所有的報社編輯都一口回絕：「缺乏商業價值。」這種論點，我聽了許久，在巴黎，在歐洲，特別是在美國，我總有一天要去生活的地方。我最終淪為乞丐，好幾次。一切金錢關係都是反人類罪。

我畫圖用的是中國的墨，但也用不透明水彩來表現珍禽，有著人的身體，踩在滑雪板上，在小公寓裡騰空躍起。我寫短篇故事，有時是勉為其難的幾行字。這些我全都給毀了。《宣言》死不完。

年復一年地過去，我四十了。某家出版社讓我出版了第一本書。反應悽慘：「缺乏商業價值。」四年後又出了一本新書，接著下一本，奇蹟般地暢銷。每一本都在試圖找回《宣言》，但每一本都失敗了。因此我重拾《宣言》的寫作，內心隱隱知道它永遠不會完成。我在記事本的扉頁中收集了：報紙的片段、回憶、課堂筆記。接著累積圖畫。就像是檔案館中的圖像：複製老照片的破片、自然風景畫、各種幻想。它們各自有其生命，什麼也不說明，至多是某種雜亂的感受。它們進入畫室時命運仍未確定。至於字句，則像是閃爍的微光，黑紙上的破口。然而，它們四散行進，緊貼著突然浮現的圖畫，形成了隨處湧現的碎片，由有借無還的話語所構成。依西多·杜卡斯（Isidore Ducasse）[1] 曾經寫道：「抄襲是必要的。進步要求抄襲。抄襲緊擁著某個作者的字句，利用他的表達方式，抹去錯誤的理念，換上正確的理念。」絕妙的洞見。班雅明也說了：「我作品中的引文就像攔路的土匪，全副武裝，突然現身，剝去路人他所相信的一切。」正是在他人的眼中，我們看見最好的事物。為了更好地陳述痛苦與憐憫，我們複製又抄襲

了多少基督與聖母？

　　兒時，在夢到這本書的夢中，我寄存著後來成為記憶的一切。我對此還很有感覺，在學校裡的長椅上，我清楚聽到了雅典街巷中奴隸的哀嘆，戰敗者走出戰場時的抽噎。但歷史在他方。歷史無法學習。歷史是整個社會必須體驗，不然就會被抹消的感受。戰後的世代為了重建世界，已經失去了歷史的連結。他們確實重建了世界，他們讓和平君臨大地，宛如一聲長嘆，忘卻了惡劣的時光。現在，我們活在僅存的和平底下，而正是靠這僅存的和平，我們即席創作出一個社會，一個抹消了前一個社會的社會，一個沒有記憶的社會，就像那個指使我們如何和平的美國社會，或至少是其面具。當今的和平完全是相對的，因為它以遠方的區域性戰爭為食物，這些戰爭以絕望的影像作為形式，與我們拉開距離。

　　但有另一場戰爭在折磨著我們，一場未曾宣戰的戰爭：一場撲滅時間的時間戰爭，一場由沒有過去的空洞當下所帶來的戰爭，過去已被不可信的、絢爛的或幻想破滅的未來給粉碎了。現在失去了過去的存在，但過去並不因此而完全消失：它以回憶的狀態繼續存在，某種呆滯的、被剝奪了語言、實質與現實的回憶。現在讓時間成了空洞的時間，被懸置於無法找回的歷史當中，而這空洞充塞一切，開展於一切可能的空間當中。而這或許是因為，伴隨著空洞的，是某種東西的湧現，彷彿消逝的時間會騰出空間給其他的時間，某種前所未有的時間。今後，被冠上現代性之名的當下（le présent）再也不可能終結了。或者，毋寧說：只為了不要讓自己淪於遺忘當中，需要付出的代價只是插手對過去的重構。巨大的提醒，特別得感謝哲學家科斯塔斯·帕派約安努（Kostas Papaïoannou）：「正是以純然僅屬人類之經驗的名義，現代性肯定了當下對過去的優先性。人類的時間明確地脫離了物理或生理時間的支配。它再也不按照天體變革或是生命週期來描摹圓的形象。時間脫離了自然，從自然中得到解放，它什麼也不包含，除了對大體上全新之環境的指望：它重現於意識中的形象再也不是天體與四季的永恆秩序，而是人類化約為自身，化約為其孤獨與缺陷的形象。」

　　歷史總是讓我們驚訝，因為它總有後見之明（après coup）的理由。它完全可以變成對現代性與科學開戰的劇場，就等輪到它的時候——科學，用威廉·福

克納的說法，這個「吻之危險的嘴唇」。

　　對於被抹去的歷史與時間戰爭的追憶，以一種錯位的方式來說，就是《宣言》的目的，這將從這第一卷展開。其他的將緊隨其後，隨著不確定前來。

---

1. 筆名羅特雷阿蒙伯爵（Comte de Lautréamont），法國詩人，出生於烏拉圭．對超現實主義與情境主義文學影響深遠。

「但您已不再有濕潤的歡愉了……」[2]

_____

　　我的祖母很喜歡我，甚至可說是疼我。我是她的孫子輩當中的老大，她的勿忘草，她的明珠。我很晚才認識她，因為我是瞞著我祖父母和整個家族出生的。

　　我的父親和我的母親相遇在史特拉斯堡。我的父親說他沒有家人，是個孤兒；至於我母親，她兩歲的時候失去了父親，她母親和科瑪（Colmar）當地一個名流再婚，後者在知道了母親和我父親的關係之後，揮舞著手槍威脅道：「如果你和這個吉普賽鬼交往，我就宰了你和你媽！」吉普賽人，在他的口中指的是波蘭人，和所有外國人。

　　因此，我在科西嘉受孕，在敘雷納（Suresnes）的學生診所中被產鉗夾著誕生。我的母親是索邦大學的學生，我的父親在凡爾賽的一個軍團服役。我被安置在一間托兒所，在那我沒得睡、沒得吃、也沒得玩。週末時，我媽會領我回她的傭人房，在玻利瓦爾大道上。

　　在這種祕密的生活中過了幾個月後，我的父母對他們的家人揭露了我的存在，接納我的是我父系的祖母。

　　我記得她的氣味，她的小公寓的氣味，她的暹羅貓死了，攤成地毯的樣子，一隻塑膠製的鸛用鳥喙啄著一盆花，陽台間隔著鏤空的磚塊，在這個戰後的史特拉斯堡街區，緊鄰著橘園，我們常去那兒看籠子裡的動物。牠們的悲傷，浣熊奇特的臭味，牠們的步伐，牠們在冰冷的樹木間發出的呻吟。我的腦中沒有太陽：只有一片陰濕的天空。

　　輕柔的話語混雜著戰爭的沉重回憶：轟炸、警報、穿著不合身制服的年輕德國男孩的部隊、飢腸轆轆、潰逃、降伏於最終的戰敗。整個史特拉斯堡都嗅到了戰爭，像尿液一般噴碎在牆上，還有悲痛。

　　我認識戰爭,一字不差。我從祖母的口中,聽見鄰居、朋友、敵人死去,她名叫俄珍妮・普雷(Eugénie Poulet),我舅舅給她起了個「小母雞」(la Poulette)[3]的外號。正是她讓我睜開了眼,認識愛、柔情、親吻的聲音、浴巾在我裸體上的撫觸。在她的床上,她的體熱與我相偎。

　　我並不認識我的祖父，我父親的父親，尚・帕雅克。俄珍妮・普雷在我出生前就離婚了。他喝酒。他玩樂，不付生活費。她把他送進牢裡。我對他毫無記憶——他可是早已喝酒病死了？——毫無記憶，只有一幅巨大的畫像，因為他是個畫家，還有幾幅水彩。

　　我想到愛時無法不想到普雷。她一直愛我、寵我，直到我成了青少年，因為她覺得我肯定不再是個孩子了。我成了一段溫軟的回憶，一片她永遠不能下嚥的時光。

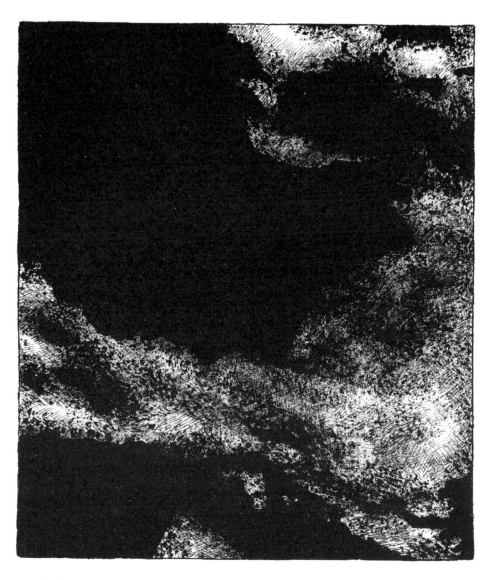

　　在她人生的盡頭，她已不再能認出我來，她叫我雅各，我父親的名字，他早已過世四十多年了。看著我時，她为自己的兒子哭泣，那個埋藏在她腦中的混合體。這間等死的屋子，鑲著這扇破窗，裁下天空這一片灰。我沒去她的墳頭，也沒去她的丈夫尚和她的兒子雅各的墳頭。我不在墓地遊蕩。

　　在石頭下，在土裡，誰也不在。

因為我懶，我的父親給我起了個外號叫「帕下」（le pacha）。帕下，帕下克，帕雅克。他名叫雅各‧帕雅克（Jacques Pajak）。「哈囉，我是雅各‧帕雅克……」「到底是不是雅各？」[4]

雅各‧帕雅克是尚‧帕雅克和俄珍妮‧普雷的兒子。是誰想出要叫他雅各這個點子的？

我，帕下，我無所事事。我經常無所事事又經常工作不休。日夜不分、夜以繼日地工作。我說「工作」（travail），意思是「苦難，折磨」，按這個詞古代的意思。我十五歲起就開始工作，在一間印刷廠裡，接著，在念了半年的美術學院之後，我開始打零工直到三十歲，流連在印刷工、排字工和輪機工，以及小工廠和建築工地之間。

說件無聊的工作：在一個炎人夏日的高速公路交流道上，鋪瀝青之前，為了保護冬日的鹽層，我們在混凝土上塗上一層黑膠；一份有毒的工作：騰空、清掃路基，並在上面塗上重油；一份致命的工作：在工業化屠宰場上架並取下肉品的骨頭、動物的內臟與各種不同的豬肉，聽著動物從大清早起在屠宰場發出的嘶號。

做的總是令人尊嚴盡失的工作。頂著及肩長髮，因為太軟嫩的手和女性化的氣質，我被當成跑腿的、娘炮打工仔，或者更慘：他們叫我做「學生」，因為我只有在放假的月份工作。

因此我工作了十年以上，從來沒做滿一年，每次只幹一星期，星期五拿工資，拿現金。我很清楚各種暴政，像是小老闆、工頭、老闆的自負、受雇者的軟弱。從來就沒有什麼「團結」：勞動者並不喜歡臨時工。

我工作，按照這個詞古代的意思，不眠不休。夜班工作讓我鎮日乏力，白日的工作過早將我從清晨的被褥中拖走。

我的父親看得很準：我是個懶鬼。但不只是如此。我出生時，他將我捧在雙臂中，我咧嘴笑了。「我的天，他在嘲笑我！」事實上，那是個誤解，在那之後，我造成了多少誤解？

害羞的人的特性就是在遇到麻煩時會傻笑或憨笑，嚥下口水，同時讓看似是傷害、蔑視與驕傲的一連串乖張話語穿身而過。我們這些怕羞者應該被禁止講話；話語會勒死我們。我們的生命和其他人的生命都會因此而柔和一些。

詞語的奇異之處是，它一方面看來是種必要、是種安慰，但同時又是錯誤、歧途，是不理解的根源。這些聲音讓我感到驚訝與錯愕，這些口才便給的雄辯，這些聲音塞滿了每張嘴、高調大聲地傳揚、宣稱自己符合「現實」──我的意思是權威。當然，在這些太過井然有序的無邊嘈雜面前，深淵咧開了，而我一個字都不信。我相信的是囁嚅不清的話語，是荊棘與灌木的枝葉般缺角的話語。我相信真理是完整而絕對的，而且是全然無法表達的。

　　我已長成一個青年男子，二十二歲的年紀，我從帕下變成了三趾樹懶（l'aï）。我和一個女孩共譜戀曲，是一個調皮鬼（le lutin）。她會看著自己，然後親暱地扮成從兒時冒出的怪物。我給她起了個外號叫小鬼們（les lus），指的是調皮鬼們，而這意思是她身上有好幾個小仙子。這外號起得正好。

　　我記得她，在滿洲的海灘邊，收集滯留灘邊的海星，好放回海中。她努力要重新誘惑這個世界，透過重新創造她美妙的童年，包括她兒時的吊帶褲，和她在弦月底下濕潤的雙眼。

　　在我身上，在這個孩子體內的我，是誰？一隻懶散的動物，一隻倒吊在樹枝上的三趾樹懶，用牠的三隻指甲尖端勉強地採集神奇的紅色果實。

　　根據布豐（Buffon）的觀察，三趾樹懶是種可憐的動物，牠無法捕捉獵物、飽嘗血肉，甚至無法吃草。牠只能靠樹葉與野果維生；牠漫步拖行於樹上，戮力攀爬，而在這耗時費日、緩慢而悲傷的練習中，牠得忍受飢餓。

　　很快地，就像調皮鬼變成「小鬼們」，三趾樹懶（l'aï）變成了「懶」（les a）。我身上還藏著好幾種懶惰的動物，但字母表上的第一個字母已經足以支撐我的生命了。

---

2. 此引文出自法國無政府主義詩人 Léo Ferré 的詩〈我還看得見您──魏爾倫〉（Je vous vois encore: Verlaine），應是指法國十九世紀象徵派詩人保爾・魏倫（Paul Verlaine）。

3. Poulette 也是法文中對少女或少婦的俗稱。

4. Jacques Pajak 在法文裡發音類似於 Jacques, pas Jacques（雅各，不是雅各）。

誤解頌

　　1945 年，貝克特（Beckett）[5]出版了一本名為《世界與長褲》（*Le monde et le pantalon*）的書，題獻給荷蘭畫家亞伯拉罕（Abraham）[6]與葛拉杜斯・范・費爾德（Gerardus Van Velde）[7]——他們也被稱為布拉姆和蓋爾。

　　書的結語是：「我只是開始開范・費爾德兄弟的玩笑。我起了個頭。這是種榮譽。」

　　貝克特確實是在開玩笑。但他是唯一一個作家或評論家,特別是就談論布拉姆而言,能做得如此出色。例如,他說這名畫家「製造極具特色的喧囂,如同遠方甩上的門⋯⋯」。

　　有好多次——儘管有違他的意願——他都會重提布拉姆・范・費爾德的例子。但這個人，他只忠於自己，抗拒一切鬼扯，嘆道：「我不喜歡說話。我不喜歡別人跟我說話。繪畫是靜默的。」

　　范・費爾德是個嚴肅的傢伙。他毫不設防，有時顯得滑稽，引人發笑，他自己知道。在讀《終局》（*Fin de partie*）時，他承認在其中認出了某些自己說過的話。貝克特在他身上找到了「徹底絕望（désespéré total）」的典型。

　　范・費爾德活在神聖、痛苦與貧困當中,和他的同胞梵谷與蒙德里安(Mondrian)[8]一樣,不苟言笑,對於任何過度的嘲諷都抱持著絕對的敵意,肩負著清教國家巨大的焦慮。

　　事實上,我們不應忘記:貝克特受的是清教的教育,這可見諸他的書寫、他的個性、他高傲的拘謹,和他對話中有話(le non-dit)的偏好。

　　但恰恰因為如此,他難道沒在范·費爾德本人身上、在他所有的分析當中,看到一個完美的話中有話的人?甚者:在其中發現畫家本人最終無法作畫,因為「沒什麼可畫」。

　　「你的意思是,」近乎是由貝克特所虛擬的喬治·杜推(Georges Duthuit)問道,「范·費爾德的畫作缺乏表現力嗎?」

　　貝克特回答,在十五天之後:

　　「是的。」

　　身為清教徒，但卻又愛開玩笑，因此貝克特能夠以范‧費爾德的嚴肅來取樂。他並不這麼嘲弄自己，也不這麼可憐自己：他帶著讚賞與熱情享受其中。或許這名流亡畫家讓他想起了自己的流亡？因為他們是同一個種族：流亡者。

　　梵谷隨身帶走了他無可告慰的悲傷、他永不會再見的平坦祖國，好贏得一片同樣平坦的麥田，讓他在田邊朝自己胸腔開上一槍。在巴黎下船，後來又去了紐約的蒙德里安，在眼眸深處收藏著一片片方正的、永不再見的鬱金香與馬鈴薯田。

　　梵谷與蒙德里安的畫是塗鴉，在地平線上，在他們出生地的地平線上。梵谷
的塗鴉毋寧是垂直的。離開了這片灰暗平坦的故土，他隨身收藏了什麼可以拿來
塗抹他的畫布，像是開展的窗櫺呢？或許是幾株隨處栽種的樹木，或是磨坊風車
的葉面，只有這些是垂直的回憶，在他四處漂泊、直到科西嘉與馬約卡島
（Majorque）[9]途中的空洞天空下。

　　沒有流亡者會忘記他的故土。在遇見同鄉貝克特時,永恆的流亡者詹姆士·喬伊斯(James Joyce)對他重述了這條法則:「尤利西斯儘管遠遊,但終究歸鄉了⋯⋯」貝克特從來未曾真的離開他的島嶼,或是他的語言。會有一段時間,他得暢飲這位大師、這個不可救藥又不知悔改的耶穌會士的話語,之後才能找到自己的聲音、自己的笑,以及最重要的:有什麼好笑。他將變成一個搞笑的清教徒、一位先行者,能夠將任何無趣的交談,變成一段既風趣又絕望、既現實又不可置信的對話。

　　貝克特相信,在范·費爾德的凝視中,自己看見了一個兄弟,「作為一個藝術家首先要承認的,是他人所不敢承擔的失敗……」

　　多麼不尋常的誤會:一個幸災樂禍地讓自己的世界鬼扯搞笑,另一個則向靜默與虛無開啟窗扉,好不帶一絲笑容地在氾濫的顏色間抹下幾筆粗黑的線條——並且不忘重述:「每張畫布底下,都有如斯苦痛。」

　　面對畫家，貝克特就像匹狂奔的純種馬，上氣不接下氣地越過籬笆，但又突然停下，在堅忍不語的農耕馬前驚詫不已，後者偶爾會吐出某些總結的話語，像是：「我對繪畫不感興趣……我畫的是畫外的東西……」或甚至是：「我畫的是畫的不可能性。」

　　受到鼓舞的貝克特回答他：「這個先前並不存在、布滿顏色的表面究竟是什麼？我不知道，我沒看過任何與之相似的事物。這看來與藝術毫無關係，如果我記得的藝術是準確的話。」

如此等等。

　　貝克特在說笑，同意。但並不總是如此。他宣告自己不是知識分子，只不過是種感受性，這樣的他被這幅畫感動了，感動於所有「這幅畫所表現的未經思考、天真、解離與粗疏」。他一下貼近了自己的奧義，硬吞了一大把之後，又快速回到他的搞笑上。他太了解范・費爾德的苦惱會導向何方了。而在「我抓住了你的小鬍子」的遊戲裡，他早已預先知道布拉姆會贏了。

5. 愛爾蘭、法國作家，1969 年獲頒諾貝爾文學獎。

6. 荷蘭野獸派、抽象派畫家。

7. 荷蘭畫家，布拉姆‧范‧費爾德的弟弟。

8. 荷蘭畫家，風格派運動要角，非具象繪畫的創始人之一。

9. 位於西地中海，屬西班牙領地。

「只有天空」

　　漢堡，1932 年 4 月 7 日——「卡塔尼亞」號貨輪已經上載完所有的貨櫃，現在輪到乘客登船了。華特‧班雅明上了船，沒帶多少行李，或許就一只不重的「硬化纖維」行李箱，塞在他的臥鋪底下，在三等艙的廂房裡。

　　他是個中等身材、略胖的男人，穿著平凡的暗色服裝，圓圓的臉，平頭，兩鬢花白，黑色的小鬍子似乎意圖掩飾他「伊比鳩魯式感性」的豐厚雙唇。他雙眼在他圓形眼鏡的厚鏡片後頭更顯狹小。

　　這段前往巴塞隆納的航程將延續十二天，開頭會有四天的暴風雨。在那之後，船將航向伊比薩島，在瓦倫西亞城沿岸。

　　七年前，1925 年，在漢堡市的港邊，他也搭乘過同一艘卡塔尼亞號的三等艙。身為一個有藏書癖的人，他決定要少買些書，好將省下的錢用在旅行上。

　　途經荷蘭、法國、葡萄牙的海岸，他在直布羅陀海峽瞥見了非洲，感動萬分。貨輪緊接著投身於地中海，在藍天底下一片蔚藍。

　　在中途停靠時，他造訪了哥多華與塞維亞，時間至少夠他「狼吞虎嚥西班牙
南部的建築、風景與風俗」。他寄了明信片給朋友們。明信片：一種無法擺脫的
癖好。

　　在巴塞隆納，他很快便聽任自己踏上「不斷出錯的路線」，在街巷曲道中穿
行，直到胡同邊與咖啡店。

　　巴塞隆納，「港邊的荒涼城市，在狹小的空間裡，高興地模仿著巴黎的大
街。」

　　卡塔尼亞號還停靠在熱那亞、利佛諾、比薩和拿坡里，終於。在那兒，班雅明的收穫是卡布里島。這裡的生活所需並不昂貴。終極的無憂無慮時刻。在正午毫無陰影的陽光底下，他在一封信的結尾寫道：「字是各種侮辱中最大的。」

　　字？但說的是哪個字？又是哪些侮辱？

　　班雅明崇拜文字，到了任由文字陷溺於過度的轉變、陷溺於燦爛的黑暗中，「因為，確切地說，一旦文字與您錯過，悖論便出現了」。

　　此刻，1932 年 4 月 7 日，在漢堡市的港口，拖著腳在通往船艙的舷梯上，班雅明已年屆四十了。他是個作家。作家？又或者是思想家、讀者、譯者？……他至少有個名聲是沒人能懂的作家。哲學家？

班雅明在寫履歷的時候，是怎麼描述自己的特徵的？——他寫了六份履歷，每一份都給出一個全然不同的人生。

他宣稱自己喜歡哲學，喜歡德語文學史，喜歡藝術史，但也喜歡墨西哥研究。

後來，他想像自己是個獨立學者與作家，不屬任何教派，也未加入任何政黨，還說他自己研究過文學的科學。

附帶一提，他還定期在《法蘭克福匯報》和《南德廣播公司》發表學術出版品的批評。

更後來，他進行了一些語文學與翻譯的工作，主要翻譯的是波特萊爾和普魯斯特。

最後，為了謀生，或毋寧說是為了求生，他也寫廣播腳本和一般文章——「只配給廣播和傳媒用的垃圾。」

班雅明並未掩飾他的野心，要成為「最重要的德語文學批評家」。

談到哲學，他感到自己「在專業的圈子裡極度地格格不入」，並補充道：「哲學家是奴才當中薪水最低的，因為跨國資產階級最不需要他們。」

事實上，浪漫主義詩歌給他的啟發，並不少於精神分析、歷史、空想社會主義，以及哲學——還有他那連結柏拉圖、斯賓諾莎與尼采的夢想。他特別想要調和不可調和的事物：猶太傳統、共產主義——他界定其目標為某種「荒謬（nonsens）」——與理想的無政府主義者（les idéaux anarchistes），儘管他覺得後者已經失去了價值。

　　1924 年，德國正從極度通膨轉向價值重整：帝國馬克取代了德國紙馬克。德國人又能夠旅行了。班雅明第一次前往拿坡里，搭的是火車，接著又去了卡布里島，從 4 月待到 10 月。

　　9 月 16 日正午，義大利新任政府領導人貝尼托・墨索里尼在護衛隊、擁護者與警察的圍繞下登陸該島，排場很大。場面布置和布景都令人印象深刻，但在當地居民間激起的只是一陣冰冷的淡漠。

　　班雅明深受這個獨裁者如此缺乏魅力所震動：「他完全沒有明信片上所展現的那種成功者的氣派：狡猾、無神、帶著某種傲慢，像是抹了過量臭油的味道。他的體態癱軟，像過胖的小販的拳頭一樣鬆弛。」和希特勒全無相似之處，此刻的希特勒還被拘禁在萊希河畔蘭茲堡，正對著同謀口述他將來的暢銷書，《我的奮鬥》。

　　此時，在卡布里島上的德國人還沒做什麼壞事，除了作為湧向海灘的遊客，形成一道「邊邊的波濤」。

　　班雅明訂了一份保皇派報紙《法蘭西行動》，由夏爾・穆哈（Charles Maurras）所領軍。他發現這份報紙的文筆可圈可點，並且，儘管有某些例外，但他覺得讀這份報紙可以讓他詳細審視德國政治，而不會變笨。他還發現了「絕倫」的兩卷本《俗套通詮》（*Exégèse des lieux communs*），作者是列昂・布魯瓦（Léon Bloy），法國天主教最強硬的論戰者——「您從沒寫過比資產階級更激烈的批判嗎？」

　　在佛羅倫斯和佩魯賈，他發現自己被淹沒在法西斯主義慶典的群眾中。「如果我不只是當《法蘭西行動》的讀者，而是當它在義大利的特派記者，那我就沒法做別的安排了。」

　　在民兵中，他注意到大量的青年到場參與。「所有離開了母親胸脯的」都湧到了街上。

　　群眾：在羅馬、在柏林、在莫斯科，「這些麻木的俗眾期待的是什麼？豈不是一場災難、一片烽火、血與淚的末日審判，彷若是一聲哭喊、彷彿是一陣突然吹開大衣鮮紅內襯的風？因為恐怖的艱深哭喊、恐慌，這些都與一切真實的大眾慶典相反。在所有不耐的肩膀上頭輕微震顫的都是狂熱的欲望。」

　　在墨索里尼半島[10]的旅行途中，他掂量了一下正在誕生的法西斯主義。「讓藝術創生，就算世界死去[11]——讓藝術湧現，儘管世界消逝！」馬里內蒂（Marinetti）[12]在 1909 年宣告。在他的《未來主義宣言》裡，他補充道：「我們要將榮耀歸於戰爭——這是世界唯一的保健衛生——軍國主義、愛國主義、無政府主義者的毀滅之舉、殺人的美好理念，以及對女性的蔑視。」

　　還有：「將火焰的光芒趕往圖書館！」

班雅明是出自未來主義的達達主義者的同時代人。在瑞士，他就住在雨果·鮑爾（Hugo Ball）[13]和他妻子艾美·海寧斯[14]的隔壁，這兩位參與開設了「伏爾泰酒館」，達達主義運動的第一次聚會就在這裡舉行。和班雅明往來的達達主義者還有衛蘭德·赫茲菲爾德（Wieland Herzfelde）和他的兄弟約翰·哈特菲爾德（John Heartfield），以及漢斯·瑞希特（Hans Richter），後者是藝術家兼《評論H》的編輯，1924年時，班雅明為他翻譯過「一則崔斯坦·查拉的笑話」，題為〈顛倒的照片〉。

儘管班雅明並未忽略前衛派藝術家，但對他們的興趣卻小得多。他並不駁斥他們。他只是避開他們。他對他們的懷疑完全浸潤在他說的這句馬克思主義的話裡：「在所有藝術中，最先進與最大膽的前衛藝術作品，沒有其他的觀眾——不論是在法國還是在德國——除了大資產階級。」

在卡布里島，還是1924年，除了《法蘭西行動》與列昂·布魯瓦之外，他也讀伊莉莎白·佛爾斯特——尼采的妹妹——但最重要的是他讀了馬克思主義者格奧爾格·盧卡奇的《歷史與階級意識》，這本書對他的影響深遠，並且持久。然而，在這些互不搭嘎的閱讀之中，他真正喜歡的是什麼？難說得很。

他計畫要寫作探討他心目中的「三大形上學家」：卡夫卡、詹姆士·喬伊斯和馬塞爾·普魯斯特；他狂嗜警匪小說，特別是喬治·西默農的作品，他從自己的書架上就清出了十四本；他也沒忘記斯湯達爾，並對他的朋友哥舒姆·舒勒姆（Gershom Scholem）[15]坦承：「我又讀了一次《帕爾瑪修道院》（La Chartreuse de Parme）。我希望你也能再給自己一次這樣的享受。沒有什麼偉大的東西比這本書更美的了。」

唯美主義者、道德主義者、民粹主義者，為高等辯證法而苦惱的業餘者，班雅明流連迷失其中。

在一段文字的曲折處、在一場意外、一個筆誤，或是在印度大麻的作用下，溜出的段落屬於另一個班雅明，一個從理性思考中獲得解放的班雅明：「噢！勝利之柱，像是塗上蛋黃的餅乾，覆著兒時砂糖融化的光芒。」

此外，它的文字也像懺悔一般碎裂：「為何我誰也不識，為何我會把人搞混。謎題解開。因為我沒被認出來；是我希望自己被誤認。」

文字。他不知疲倦地推進文字，像是靠近女王的小卒一樣，毫不害怕讓他們被吃掉（soufflés）[16]。他在卡爾·克勞斯（Karl Kraus）[17]的作品裡讀到：「我們越是湊近凝視文字，文字就越是從遠方凝視我們。」他以戲言回應這句佳話：「我們越是作為一個作家老去，我們就越是受到他人的時間所侵襲，在閱讀裡，在每個我們尚未寫下的字當中。這樣一個字能代表一整個時期。但隨著時間過去，這些字的侵襲非但日益嚴重，並且日益頻繁。因為新鑄幣（fleur de coin）這個詞裡每個字的意思很晚才起床，而我們又較常遇見陳舊的字詞，上頭覆滿我們自己操弄的痕跡。」

挖洞者挖進字的空洞中[18]，從不止於「不計代價的矛盾」，他不懈地追尋某種嶄新的理論，以此代彼，以彼代此，在又一個彼此中提出新的彼此。

1927 年初，班雅明似乎拋棄了所有蘇維埃理想的幻覺。從莫斯科回來，在反思與推諉後，他任由自己不再參與德國共產黨。然而，兩年之後，他對於布爾什維克主義的優點還是泰半信服，他激烈地指責喬治·杜哈梅爾（Georges Duhamel）[19]，後者在 1922 年出版的《莫斯科遊記》當中大膽肯定：「真實的、深刻的革命，在一定程度上改變斯拉夫靈魂之實質的革命，尚未真的完成。」

對班雅明而言，杜哈梅爾的說法是「對真實的背叛」，是典型的法國左派知識分子。這人膽敢宣稱如下的異端邪說：「在巴枯寧之後，歐洲就一直沒有一種關於自由的激進理念。」

同時身兼馬克思主義者、懷舊者、無政府主義者、懷疑論者的班雅明，依然信服「革命知識分子的雙重任務是：推翻資產階級知識分子的宰制，與無產階級大眾接觸」。他自問，無產階級的作家、思想家與藝術家是否能夠完成這個不可能的任務，還是如托洛斯基所說的，這些人只有在無產階級凱旋的革命之後才會出現。兩難正是在此，而這個兩難讓他嚴肅地質疑中斷在資產階級社會中的任何「藝術事業」是否有其必要。

他自稱十分受超現實主義的吸引，特別是安德烈·布列東（André Breton）[20]的《娜吉雅》[21]——「在藝術小說與影射小說[22]之間的創造性綜合」——和路易·阿拉貢（Louis Aragon）[23]的《巴黎鄉巴佬》[24]——他一直沒法讀完，在夜晚的床上，讀超過三頁，他就「心臟狂跳」。他自知無論如何都得停止。

天真的他，認為只有超現實主義者是能夠回應《共產黨宣言》的要求的知識分子：「他們是第一批擺脫了自由主義人道主義和道德家所珍視的冰冷理念的人。」但懷疑而晦澀的他總結道：「一個接著一個，這些人每六十秒就換一次姿態，像每分鐘響鈴的鬧鐘一樣。」

在 1922 年，在他的雜誌——從未面世的雜誌——《新天使》[25]中，他宣稱：「宏大批判（la grande critique）的任務既不在於借助歷史陳述進行教導，也不在於透過比較來塑造精神，而是在於沒入作品中以達致認識。」後來，在 1938 年左右論波特萊爾的斷簡中，他採取了截然相反的觀點：「沒有任何對波特萊爾的深度研究能不以他的生命的形象來衡量。」

重要的矛盾與翻轉，奇異的絮語，這些存在於他的書寫中，直到他過世。這都始於一首詩的翻譯，在他表現為「資本主義之巔」的圖像之前——「巔」這個字特別不合適。然而，在這兩條道路之間——嚴格的作品閱讀與傳記閱讀——時間過去了。共產主義與法西斯主義的勝利滅絕了大眾中的個人。主體性被禁絕。班雅明將自己從文學史中流放，為了對歷史的興趣——宏大的歷史（la grande Histoire），政治與社會史——但卻不徹底排除存在的向度。這些論波特萊爾的斷簡酷似他的自畫像。

　　關於波特萊爾，班雅明引述他的朋友雅德里安・莫尼耶（Adrienne Monnier）[26]，巴黎的一位書店老闆。她指出，波特萊爾身上特別有法國味的是「憤怒」。她稱之為「反抗」，並且拿他來和里昂－保羅・法格（Léon-Paul Fargue）[27]相比，「狂躁、反抗自身的無能，以及知道這點的人」。她還注意到女人並不喜歡他，他的讀者都是男人，對於後者「他體現並超升了他們生命衝動中淫穢的那一面」。

　　她也提到了塞利納（Céline）[28]，說他的粗鄙玩笑（gauloiserie）就像是「法蘭西特色的表達[29]」。

　　很機敏的評論，班雅明也注意到了其中的細膩之處。

　　再根據雅德里安‧莫尼耶的說法，波特萊爾身上有某種「挑釁者的形上學」，在其中他投注了「對笑話的熱愛」，一種對法西斯主義宣傳中最主要的表達形式的熱愛。

　　在他的〈波特萊爾筆下第二帝國時期的巴黎〉中，班雅明提到了塞利納最激烈的反猶主義小冊子：《大屠殺瑣記》[30]。他並不激憤。也不生氣。只是在行文中簡單引述了波特萊爾在私人日記中的一段影射：「組織起來滅絕猶太種族的美妙密謀。」

　　但班雅明很清楚，反猶主義正在知識分子間蔓延，包括左派。

　　對舒勒姆，他描述了塞利納的崇拜者在《大屠殺瑣記》的朗誦現場如何坐立難安。他們垂下眼簾，只敢喃喃低語：「這只是笑話而已。」塞利納的一場笑話，他，為了一點小錢，想強迫猶太人買註冊號碼：「我們一直沒法辨認誰是猶太人、共濟會員和猶太感染者……我倒是想，讓各行各業都編個序列號不是更好的做法嗎？……例如，一個註冊號，夠簡單了……導演先生 350 號。不用加上猶太人這個詞，所有人都能懂……」

　　我們還有《笑話的故事》可講。

　　班雅明還記得在紀堯姆・阿波利奈爾（Guillaume Apollinaire）[31]的《詩人謀殺案》[32]裡有個叫克羅尼亞蒙塔（Croniamantal）的人物：「第一個大屠殺受難者，在一場消滅整個地球上的抒情詩人種族的屠殺裡。」

在一封 1937 年 7 月 2 日的信裡，他宣告自己的意圖，要「治癒文學中醫療虛無主義的特殊組合：班（Benn）、塞利納、榮格」。直覺敏銳無比，如果我們明白醫生在最終解決方案當中所扮演的角色。特別是塞利納，班雅明把他看作是這種虛無主義的「智障代表」。

　　在一封寫給麥克斯・霍克海默（Max Horkheimer）[33]的信裡，他諷刺了導致塞利納寫那本小冊子的各種爭議：「您可能已注意到紀德和塞利納在四月號的《新法蘭西評論》裡的批評討論。如果非得把《大屠殺瑣記》看成遊戲之外的任何東西，塞利納，儘管才智過人，但憑他書中的犬儒色彩與輕微的放肆，便無可推諉地激發了庸俗的熱情。『庸俗』一詞揭示了許多事。塞利納身上如何缺乏嚴肅曾讓我感到訝異，這您還記得。此外，紀德這樣一個道德家看到的只有這本書的意圖，而非後果。除非撒旦也沒什麼要反對他們的？」

　　1938 年 11 月,法國戰敗之前,雅德里安·莫尼耶在〈反思反猶主義〉一文當中寫道:「我愛德國人民,他們都是勇敢的傢伙,對任務的專注令人讚嘆,彷彿他們一直有成群的鬼神相助一般。德式的教養,有時會讓我們覺得過於刻板,但卻展現出一個人專注而感人的一面,我覺得比我們的放肆更好。」

　　儘管她不太有反猶的嫌疑，但卻還是提出了如下令人難受的主張：「在過去幾年，我們在法國可能吸收了第一批移民，數量龐大的外國猶太人，而且是毫無條理，毫不區分地吸收。但我們只要表現出條理並加以區分即可。這心力是值得的。並且，為了一切價值更不明確的因素，我們難道不能創立一些勞動營，好連我們的軍隊都能從中找到新血？」

　　在卡塔尼亞號的船邊，班雅明和船長以及船員們進行了一場談話。他對一切的細節都有興趣，包括買這艘船的價錢、大小、噸位、運貨的價碼、誰負責執行什麼樣不同的任務、薪資多少，從實習水手到指揮官。

　　他決定在他們的船票簿上記下這些水手對他吐露的艱苦生活的故事。在他們身邊，他確實感受到了某種緊密的兄弟情誼：「我唯一能夠說話的對象只有這些人。他們沒有文化，但並非沒有判斷的自由。」

　　在回程路上，船長緊跟在他身邊，對他的文學活動相當感興趣——因為班雅明已經花了十年以上的時間寫某種文學作品。在二十歲時，他宣布：「今天下午，我以一篇短篇小說展開了我的作家生涯，標題引人入勝：《父親之死》。」

　　後來，他對胡戈・馮・霍夫曼史塔（Hugo von Hofmannsthal）[34]吐露：「我試著了解『說故事的藝術為何死亡』，我指的是口說故事的藝術。」

　　在第二趟搭乘卡塔尼亞號的航程途中，他更專注聆聽船長與船員的故事。他想收集他們的軼事，他們海上生命中的劇碼與小喜劇，在他眼裡，是這一切構成了史詩般的素材，是從年歲深處湧出的述說故事、又在某種程度上扭曲為小說形式的技藝。

　　班雅明就這樣一次又一次沉浸在他的「老癖好」，亦即讓小說家和敘事者對立——當然帶著對敘事者的偏心。

　　對他而言,這趟旅程變成了他反思時間以及歷史的理由。在和一個島民出身的舵手聊天時,他注意到對話的展開「像一條燈芯,燃燒時,不斷朝向一場冒險、一則故事前進」。在掛著圖畫的廂房裡,在喝一杯咖啡或是可可前,講述這一生的片段,這依然是「縮短夜晚的最佳方法」。

　　而關於同一個男人:「在那個星期裡,每個夜晚都一片漆黑,我們眼裡所見都糊在一起,故事看來也都模糊不清,像是夜裡與我們錯身而過的軍艦一樣。」

　　這些航海的故事讓他反思敘事的命運。旅程，由微不足道的事件和加油添醋的記憶所組成，在記述中自行開展，又一則可講述的故事。而這份記述，從口傳到耳裡，與小說相對，後者的書寫和閱讀都是孤單的——小說家和讀者，各自為己。

　　對班雅明而言，他毫不懷疑，如果大部分人都受到了壓迫，那敘事也是如此。因此，依著馬克思主義精神，他批判當代小說。

　　在 1930 年發表的〈小說危機〉中，他宣告：「小說誕生於孤單的個人。」證據：安德烈‧馬侯（André Malraux）[35]的小說《人的境況》[36]裡的各個人物。如果說這些人物像是無產階級，他們事實上卻不是無產階級：他們的階級意識，在他們孤單時的孤獨意識面前消失了。班雅明堅稱：「實際上，沒有什麼比危險的緘默更有助於深入人的內在，沒有什麼比小說的閱讀在我們所有人的存在當中所認識的無恥發展更徹底地殺死敘事的精神。」

　　他的兒子斯提凡在八歲時寫了一本連載小說，白天與晚上都出刊，標題是父親下的：《意見與思想》。這本「小說」由文字與圖畫一起構成。

　　這個小孩提醒讀者：「您很清楚，我們可以把這叫做小說。」

　　在 1932 年期間，他不止一次問自己：「說故事的技藝為何行將消逝？我經常如此自問，在每次被一桌賓客悶得無聊的夜晚。」

　　這天下午，在甲板上，他幾乎要想到答案了。他回想起在船長身邊度過的無盡時光、在甲板上的來回踱步、在海平線上淡去的目光。突然間，他明白到「永遠不感到無聊的人，永遠無法成為敘事者。但無聊在世界上沒有地位。隱密又深刻地與無聊相連的活動早已頹然過時了」。

在阿立坎特（Alicante），卡塔尼亞號下水的城市，他別無他事，只剩下聆聽船長再說一個新故事，面對著不知多少紅酒瓶。

班雅明並不掩飾他「開始談論許多關於小說的根本事物」的野心。他越來越關注說故事的藝術。他想要敘說一個「被各種空想給打斷的悠長故事……」

探險記事、私語、喧囂與空話：話語找尋自己的道路，在沉默中，這是大戰餘生者的沉默：「我們不是看過戰場歸來後沉默不語的人嗎？他們並沒有更多可交流的經驗，而是更少。」

在 1933 年春天的伊比薩島上，他收到了麥克斯·霍克海默寄來的一箱法文小說。六個月來，不靠圖書館與檔案，「幾乎不靠任何文獻」，他為社會研究院寫了一篇文章，名為〈法文作家在當前社會中的地位〉。

這篇文章，他自認為大可批評，還向舒勒姆坦承文中包含了「不少騙術」，應該戴上一副「近乎魔法的面具」來呈現給他的贊助人。這是他的諷刺？是也不是：班雅明的直覺對比出正式的批判是如何蒼白，例如他拿左拉與塞利納對照的時候。在閱讀《直到黑夜盡頭》時，他區分了通俗小說與民粹小說。他想起男主角，斐迪南·巴達姆（Ferdinand Bardamu），是個流氓[37]，一個失了根的人（déraciné），勉強帶著額頭上的傷回來，發現了殖民地非洲，接著發現了工業化的美國。但班雅明反對這種「單調的」再現，在他看來，這種再現當中主導的只有悲戚與傷痛。

塞利納「沒能說明形塑這些被排除者的力量；他更沒做到說明反應該從何開始」，而左拉以前還能夠描繪他那時代的法國，他大有理由反對的那個法國。

班雅明的一槌定音：「如果今天的法文小說家無能描繪當代的法國，那是因為他們總算打算全心接受這個法國了。」

這個道德家，他揮下蓋棺定論的一槌：「作者越是平庸，他越是感到這樣的欲望，要擺脫身為『小說家』的真實的作家責任。」

　　這一年，他寫了〈經驗與貧困〉，一篇短文，在文中他用大量抑鬱的啜泣和苦訴的文句，打碎句子的結構。他書寫的對象是一個大約失蹤於 1933 年 1 月 30 日的男人，一個裸體的男人，「從這個年代的尿布中發出新生的哭喊」。

　　這篇文字如今看來宛如徵兆：「貧困，我們都將變成這樣。一磚一瓦，我們如此耗盡人類的遺產，我們本應將這寶藏留在當鋪裡，通常只能以百分之一的價值，換成當下的一點小錢。經濟危機就在門口站立，在他身後的陰影中，戰爭正在準備著。」

　　整整七年，從 1933 到 1940 年，他都在法國、西班牙、丹麥與義大利漂流。他破碎的生命就像是殘篇斷簡，透露的與遮掩的一樣多。小故事、筆記、論文、突發奇想的理論：這些最終構成了一個宛如小說的存在的主要作品，一本思想與悖論的小說。

　　1931 年 6 月 21 日，在從馬賽前往巴黎的路上，他寫了一篇日記形式的短文。談的是居住形式——住旅館——的問題。

　　然後是這些字：「如小說之生命的概念。」

10. 指義大利。

11. 原文 Fiat ars, pereat mundus。

12. 義大利詩人、劇作家，未來主義運動領袖。

13. 德國作家、詩人，1916 年歐陸達達運動在瑞士蘇黎世發起時的要角。

14. 德國演員、詩人。歐陸達達主義運動要角。

15. 以色列哲學家、歷史學家，猶太神祕主義現代研究的創始人。

16. 此處的女王（la dame）和小卒（pions）都同西洋棋的名字。

17. 奧地利作家與記者，以諷刺作品聞名，曾三次獲諾貝爾文學獎提名。

18. 此句是個文字遊戲，原文是 Creuseur creusant dans le creux des mots。

19. 法國作家，多次獲諾貝爾獎提名。。

20. 法國作家，超現實主義發起人，著有《超現實主義宣言》。

21. *Nadja*（1928），布列東的重要小說作品，開場第一句是：「我是誰？」

22. Roman à clé（英語 roman à clef），由瑪德蓮‧德‧斯居德里小姐（Madéleine de Scudéry, 1607-1701）所創。這類小說以化名取代真名，意在影射或諷諭真實事件與人物。

23. 法國詩人、小說家、記者。終生的法國共產黨支持者。

24. *Le Paysan de Paris*（1926），阿拉貢題獻給超現實主義畫家安德烈‧馬松（André Masson, 1896-1987）的作品。

25. Angelus Novus，原本是瑞士裔德國藝術家保羅・克利（1879-1940）的作品。班雅明於 1921 年在慕尼黑以 1,000 馬克的價格買下了這幅畫，並表示「就該這樣來畫歷史的天使」，不論搬到哪裡居住都會掛上這幅畫。在 1921 年，班雅明想辦一個雜誌，就取名叫《新天使》，希望雜誌能「連結前衛藝術與塔木德的天使傳說」。1931 年，班雅明在一篇寫到卡爾・克勞斯的文章中，又提到這幅畫。在他死後出版的〈歷史哲學論綱〉一文中，對這幅畫所激發的概念「歷史的天使」做出著名的描述。

26. 法國書商、作家、出版商，法國現代主義文學的重要人物。

27. 法國作家、詩人。

28. 應是指路易－費迪南・塞利納（Louis-Ferdinand Céline, 1894-1961），法國小說家，二十世紀最重要的法國作家之一。重要作品有《直到黑夜盡頭》（*Voyage au bout de la nuit*, 1932）。曾發表反猶小冊子，二戰期間開始流亡，後來受到大赦返回法國。

29. 這句話同時是文字遊戲：gauloiserie（粗俗玩笑）亦可指高盧人（gaulois）的放縱性格，因此是法蘭西特徵的 trait，而 trait 既是有特色的行為，也是表達方式，也是挖苦或俏皮話。

30. *Bagatelles pour un massacre*（1937），是法國在德意志帝國占領期間最暢銷的書，書中表露了作者的反猶觀點。二戰後，遵照作者的意願，此書並未在法國再版。

31. 法國詩人、劇作家、藝術評論家，超現實主義先驅。

32. *Le Poète assassiné*（1916），一本短篇故事集。

33. 德國哲學家、社會理論家，法蘭克福學派創始人之一。

34. 奧地利作家，創作類型範圍廣泛，包括小說、詩、歌劇劇本、戲劇、評論。

35. 法國著名作家，曾任文化部長、諾貝爾文學獎候選人。

36. *La Condition humaine*（1933），以 1927 年中國四一二事件為背景。四一二事件是中華民國中國國民黨清黨第一階段的重要事件，中國共產黨則稱之為四一二反革命政變。

37. Lumpen，源自德語 Lumpen（破爛的），最常出現的用法是馬克思與恩格斯創的詞「流氓無產階級」（Lumpenproletariat）。

消息

　我很喜歡荒涼山區的餐廳旅館，在旺季過去，只剩無止境的淡季和寒冷的夜晚，只剩下心不在焉、無所事事的服務生，因無事可做而筋疲力竭，對我輕聲細語，訴說生命的麻木。他們把人看作客戶，我則是他們船難的遇難者。他們來救我了：蘆筍、肉片、派餅、伊泊斯起司、巧克力。

　　在餐桌上，我等著時間的盡頭，或至少是晚餐的盡頭。我在我那髒兮兮的小筆記本中收集著文句。文字的澡盆，這一切的平庸，愛撫著我的頭腦。必須從虛無開始談起，所有話語中最貧困的。必須用潮濕的木頭起火。正是在陳腔濫調中，微光舞動著。它不穩定，保護它，將它囚禁在燈籠裡，朝地的深處前進，那是世界之眼。

　　巴黎——乘著白天發臭的地鐵前來的是一個高瘦的金髮女孩，很年輕，很美麗，在上翹的黑色長睫毛底下，是半透明的大眼睛。一個難以形容的女孩。她坐在我對面，陷入沉思，雙腳後收，像是破布娃娃太長的腳。她的美貌裹著整個車廂，所有人都一聲不發。

　　過了幾站：棉絮般的燈絲後是長段的炭黑。這鼴鼠窩般的地道。終於，她站了起來，晃著她的骨盆走出了車廂。在橫排座椅，她坐過的位子上：一大灘尿漬。「她尿尿啦！她尿尿啦！」我身邊的好婆娘喊道。

　　對，她尿尿了，而她的尿現在滴在地上，閃著光。

「最劇烈的事發生之處……」

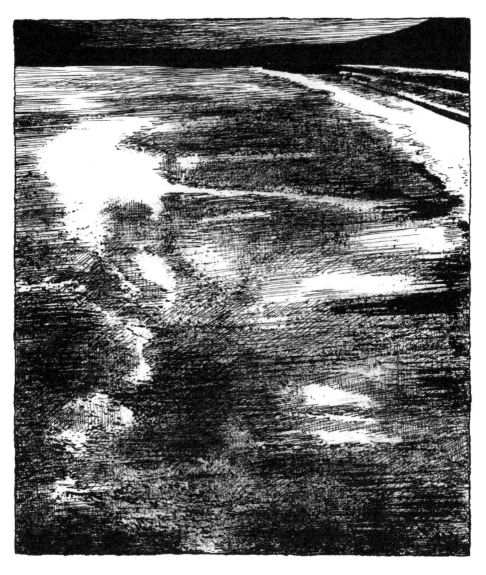

　　大海隨風傳來嗆人的氣味。大海是種記憶，是一片原野。海浪，像是閃爍的指頭緊緊抓住被卵石吞噬的沙子。這不斷重新再來的努力。

　　昨夜，大海擄獲了兩個輕率的人、兩個情人，坐在黃昏時令人驚嘆的峭壁上。大海在波浪的轟隆聲中吞沒了他們。男的活了下來，被救起時驚魂未定。女方的屍體則在當夜更晚才被撈起。

　　又是這沒完沒了的問題：我們是否該偏愛死亡的災厄勝過倖存的羞愧？

　　這天早上，大海飽足。只有一點唾沫，輕柔地舔著海灘。天空低垂。我決定認真投入這場「顯像」，趁它對我歌唱時書寫並描繪下來。還有閱讀，或者應說是大量重讀不同的東西，不管是不是當代的。閱讀，並生活。談點我讀的、我過的日子、為什麼，以及怎麼過的。

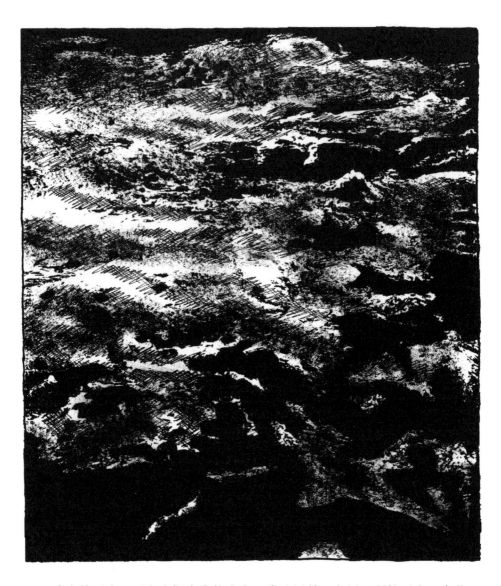

　　坐在椅子上，面向光輝盡失的大海。幾公尺外，在另一張椅子上，坐著一個四十多歲的義大利人，穿著黑色牛仔褲、深藍色上衣，冬天傷了他的面容，一絡留了六天的鬍子，有點胖，不修邊幅。他翻開《景觀社會》（*La Societé dello spettacolo*），讀個幾行，然後，他痛苦地轉過頭，審視海平面。他看著我。我看著他：「一切直接體驗過的事物在再現中都遠離了。」絲毫不假。

　　他起身，隱沒在海邊的人群中。

　　大海的波浪有頭和身體。頭披著長髮，身體伸出藍色的腿和黑色透明的手臂。上千個身體成群結隊，白色的頭逐漸隱沒，直到消失在視野裡。叫嚷著。對著躺臥在海平面上的天空發出請求。大海。海很簡單，朝著沙灘前進，前進又再後退。天空很簡單，鋪開又搓揉。人和狗就像是在蒼白的沙上的灰暗的 i 和 n，在風沙中閃爍。

我書寫的欲望和人們寫日記一樣，不是每天寫，而且大多是在晚上，在一切終於死去的時候。

　　我想在紙上泣訴白晝的重負，世人、喧囂、消散在穿身而過打皺衣裳的風當中的虛榮。在我的悲傷之井的深處哭泣，只因我就在井底，伸展在我冰冷的房中，在我流淌著書本、廢紙和破衣的洞穴中。

　　明天，不久，又一天。在我心深處，我不知道自己是否喜歡呼吸過去的時光，感受它在他體內流逝的我體內流逝——在衣架上我潮濕的存在和這漫漫的不可置信之間一個又一個的軀體，在某個開始與某個結束之間無止境的墜落。什麼的開始？而結束又將結束在哪？

　　當然，我們在每一秒、每次鐘響時計算著時間；我們密謀著我們的小時、白晝與黑夜，我們的年月與世紀，好不再對抗醜惡的時間，打造又打敗我們的時間。這個兄弟。這個嬰孩。這個施加懲罰的父親。我們徒勞地窒息奧祕，奧祕又回到我們被褥底下，在清晨，我們往事的幻影，無所不在的當下，永遠熟悉，永遠敵對。

　　一切都只是奧祕，問題驟降，回應呆滯。

　　在我房裡嚇人的沉默中，四壁的書嘆息，祕密扯開的藍色窗簾，奧祕從我體內滿溢，破開我的身軀。然後我復歸平靜。破碎的物、存在，與夢想：這些都讓我振作，讓我昂揚。這種難以捉摸的放任與破敗的感覺攫住了我的生命；這時，我所有的哀泣都告假而去。我沒有權利哀嘆，沒有權利死去。白日將近。一絲夜裡的奧祕自行遠去。我尋找找尋我的睡意：我倆之間是誰奪走了它？我又再踏上奧祕的足跡，回到這死去與活下去的權利與義務的悖論，這個我們的愚蠢回應的愚蠢問題，只為了質問這個問題。

　　在邊境，海關的巡犬登上了火車。可憐的禽獸，嗅著一個八成是毒蟲的傢伙的屁股。

　　海關人員：他們上車，嘴裡吐著古老的鎮壓話語——因為如今的是偽裝的。

海關人員倒是值得一說，說說他們的使命、他們的衝動、他們從他人的祕密當中牟利的祕密。他們的背書般的問題，他們永不饜足的猜疑。這些嗅得到戰爭的人物。在某些邊境的車站，有些人被逮捕、審問、然後被拒絕入境。憂慮有其氣味。

　　海關人員是倒鉤鐵絲網的一端。沒有這一端，這絞扭的一端，就沒有鐵絲網。一切都互相撐持，一切都構成連結我們的無限軀體的身體。海關人員就在我們裡面，是我們的巨大幽暗的幽暗殘餘。每個非人性的存在都是我們體內的人性的一塊顫動的肉。我們沒有價值，因為我們一文不值。我們的話語是空話。正是因此我們才說得太多。

　　我急著回巴黎去：它的神經危機、它的喧鬧、它的虛榮。我生在這裡，在郊區。我的父母住在一棟屋裡，在玻利瓦爾大道上。我在生命一開始便呼吸這糟糕的空氣，而我現在也還吸著這空氣。我生為外人，亞爾薩斯人，帶點波蘭血統，而我在此永遠是外人，而在我的同類中間我毫不在意。巴黎已沒有巴黎人了。只有外省人、遊客。這便是它全部的魅力所在。

　　晚上十點抵達里昂車站後，十點半在李普（Lipp）住處，茱迪特（Judith）和帕維爾（Pavel）對著一大瓶波爾多酒等著我。

　　帕維爾：餐桌總是太豐盛。雕刻家雕刻自己的一餐，會用肉醬、砂鍋、蛋黃醬芹菜，如果可能的話，還有內臟：腸、腎臟、耳朵、尾巴、睪丸、脊髓，但最重要的是不要把肉和菜混在一起！牛肉胡蘿蔔，是先放牛肉，再放胡蘿蔔。

　　我想著卡拉嘴裡那句「肝腸寸斷」的說法，多麼古怪，她那發不了子音 r 的捷克口音。

　　希克利，西西里島南方的小鎮——古老的阿爾卡特拉茲島上的一台英式足球遊戲台（baby-foot）：已經很少見了，這種遊戲台。幾公里外，四月的海灘杳無人煙，在完美的太陽底下，幾近純白。

　　古時的西西里島還存在這裡，或多或少，還有坐滿戴著鴨舌帽的老人的海灘，他們還會彼此擁抱，熱切地相互緊擁。他們來自於另一個年代，這些老人。女人呢？她們躲在廚房裡。一座小鎮，裡頭有幾棟巴洛克建築，峭壁間有幾條窄巷。沒有遊客。

　　多納‧盧卡塔（Donna Lucata），靠海：居民，就這樣。塞滿一破屋的章魚、
墨魚、烏賊，宛如肌肉一般，在木箱中扭動。在別處，在敘拉古、拉古薩，在高
速公路、馬路、在四周蜿蜒的谷地裡，這個靜止的世界不復存在。結束了。該做
什麼，接下來？──什麼也沒有。躲到蛤蠣殼裡。

　　出發前往海邊前，在拉古薩・伊布拉（Ragusa Ibla）一家空酒館裡吃過中飯；
然後又在同一家空酒館裡吃晚飯。我說空，是真的空。從八點到半夜，唯一的客
人是主廚、他的兒子和服務生、他們掛著鼻涕的小孩，還有廚子。

　　事情就發生在什麼也沒發生的時候。

　　在這裡,人人都抽菸。和西西里的其他地方一樣。人人都抽菸,卻不喝酒。人們吃飯和禱告一樣,看著電視一言不發,音量開到最大,在穹頂下迴盪著。沒有支票、沒有信用卡,人們付錢都用現金,現金都進了老闆的褲子後口袋裡。金錢:金錢相互觸摸、相互愛撫、相互摩擦、在指間相互洗刷。金錢有氣味:金錢的氣味。

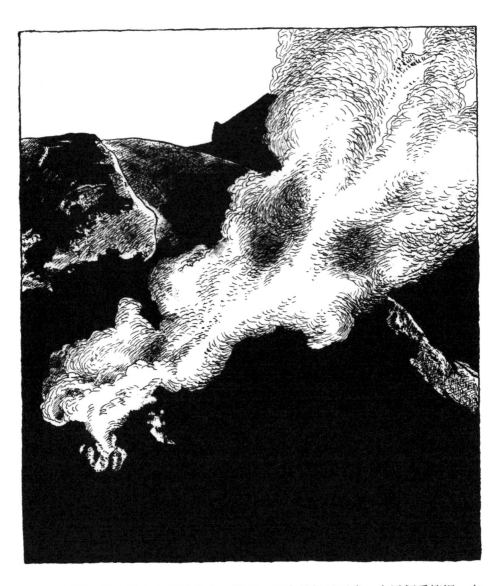

在這裡，城市歇息在埃特納火山腳下，不幸就像是天意。在這個季節裡，在這個內地的起點，除了遺蹟之外沒有什麼可看的。古老的村落有脫俗的公園，幾塊位在建築間的空地，巷弄交錯，像是 1693 年 1 月 11 日地震後教堂或是會堂四周上翹的鋸齒狀突塊。巴洛克式，永遠都是巴洛克式（sempre barocco）。

新建的城市，新拉古薩（Ragusa Supra），完全沒提供什麼可看的給遊客。此外，也沒什麼遊客。全世界的醜陋都約好到這塊峭壁邊。但醜陋能拿來做什麼？

　　諾托（Noto）——又一個在地震後重建的城市。巴洛克風更強。壯麗的巴洛克，集中在主要幹道上。人們賣力演出喜劇，讓裝潢飾演主角，特別是在晚上，多虧了燈光師的天才。

　　大石板鋪成的路是年輕人的。包得一身黑的修女、在岸邊凝成立像的老人，這些景象不再；男孩盤起雞冠頭，女孩穿得像妓女，齊胯下的短裙，眼袋上塗著睫毛膏。男男女女都拎著收音機，男的尖著嗓子，女的嘶啞有力。

　　在餐廳裡，年老的名流滿嘴食物等著世界末日，而他們的孩子們則聚集在快餐店，然後將前往他處打造生活，越遠越好。

　　下雨了。四月的雨，滂沱。在深色碎石夯成的大廣場上，水滴爆碎成完美的半圓形以及我說不出的形狀──碎成一個渣子或許？這些精巧的小東西滾著流過人行道，在下次炸裂之前。在雨的展示中有某種劇場般的東西，更不要說那震耳欲聾的鈴鼓和那後台的氣味了。

　　在這個庭院，寬敞而空曠的庭院，供人休憩的庭院，矮灌木發出浴室的氣味，來自洗衣粉的氣味。不！那是香橙花，芬芳得不可思議的小白花，枝上掛著幾顆果實，像在濕潤空氣中揮出的拳頭。

　　長大與老去，兩者並不相同。我們永遠都能長大或是縮小，看我們選擇。但我們無法老去或是回春。老人很少長大，所有人都老去。長大，長高：在稚嫩的天空下都行不通。

　　利多・狄・諾托（Lido di Noto）——旅館在四月荒涼的沙灘邊，巨大的旅館，
上百間客房，將近十年前為大眾旅遊蓋的。大廳不斷延伸到露天咖啡座，後者延
伸到花園和空蕩蕩的游泳池邊。陽台的視野，我凝視著海灘，岩壁上古羅馬時期
的廢墟。大可相信在這些廢墟和這些海灘旅館之間什麼都不存在。較短的一邊消
失在視野裡，消失在夜晚的沉默中。只有波浪拍打的聲音和燕子過於興奮的叫聲。
三個男孩扔著釣竿，排遣這凝然的不動。

　　今天早上，某人死了。某個曾經真實存在的人。轉告周知的是他的狗。想到他，我哭了一整個上午，直到不能自已。和兒時的熱淚一樣的長久痛哭。在旅館大廳裡哭泣，這裡聚居的是領年金的人，由沒教養的大眾來消遣。死亡什麼也沒教會我們。

　　關於死神，布豐說：「這生命的最後一次微調。」

　　誰能說一隻鳥是欣賞自己還是欣賞牠的同類，在牠評判翅膀的拍騰或腳爪的跳動中的優雅時？誰敢斷定在莫拉多克（Moladoque）聖河的瀑布中瘋狂的魚的求偶舞蹈真的是在求偶，那舞蹈又真的是舞蹈，而不是魚鰭機械式的加速呢？創造的嚇人奇蹟恰恰是神奇地嚇人的，因為這些奇蹟並不進行創造。它們就是存在著了。它們或許永恆就已存在而或許，為什麼不呢？注定永恆。

　　人類的創造則完全是另一回事。這種創造湧現於我們自身的明暗交錯,浮現於我們在指間聞到的微濕,在我們的內臟之上纏結的肌肉之間,這種明暗交錯比水泥更稠。在這種明暗不定中,我們從氣窗一躍而下。我們在其中優游。我們在其中入土。世界的創造出自於大地深處,與來自天上的勞動相反。人類的創造對艱辛的勞動、對半居家半機械的任務而言是陌生的。這種創造既沒有重量也沒有尺度,但卻總是為己存在。總是?或許。

　　此刻，創造伸展自身，有時十分野蠻。一個字追逐另一個字，一個影像抹去另一個影像，一縷思緒停止思考。

　　我們可以熱愛工作，義務動作的呆滯。我們也可以熱愛混沌、猶疑、笨拙、錯誤。我們可以熱愛不選擇，或甚至選擇不選擇。

「沒入風景中的沉思者」

　　在 1918 年停戰後，德國戰敗了，聚集在巷弄中的公民被法國士兵搧耳光，被凡爾賽條約羞辱並放血。他們滿心歡喜地囤積糧食、木材與煤炭。在巴黎，如同整個法國，人們縱酒高歌，而在德國重新被劃定的前線，每個人都試著遺忘這場他們曾經服從的荒謬戰爭。失業者、鰥寡、幼兒、殘障與無所事事的士兵入侵大路，高喊著唯利是圖的商人、政客或是軍官們再也不能演出這樣的戰役。德國革命正在前進。很快就被粉碎了。

　　1919 年，恩斯特・托勒爾（Ernst Toller）[38]，猶太出身的年輕資產階級和平主義者出生在普魯士，在入獄前參與了巴伐利亞起義。同年，領導人卡爾・李卜克內希特（Karl Liebknecht）和羅莎・盧森堡（Rosa Luxemburg）遭刺殺。柏林起義與慕尼黑議會共和都遭到血腥鎮壓。

　　自願參與的托勒爾，在西線前線戰鬥了一年多——「這就是戰爭了，殘酷赤裸的戰爭，威廉二世稱之為『洗鋼鐵澡』，德國教授們說戰爭喚醒了人民的道德力量與良知。」

　　在他的《一個青年在德國》裡，1933 年他給這本書寫序——「人們焚燒我的
作品那天」——他透過回想在 1918 到 1919 年間的某些主要事件，敘說了他的政
治參與，試著解釋希特勒如何突然掌權。他在書中譴責那些應為政權崩頹負責的
人：共和主義者、革命分子、工團主義者、政客與經濟學家，這些人全都用希望
和承諾來餵養人民：「看好了，這些德國革命分子，溫良又無腦，坐著加總數字
控管儲備，只為了讓一切在他們自己被槍決時秩序井然。」

　　托勒爾也沒免去那些作家的罪，他們為自己創造了浪漫的無產階級形象，好讓自己能最終不再在乎無產階級。但他自己卻毫不逃避：「我們失敗了，我們所有人。所有人都犯了錯，所有人都有罪，所有人都證明了自己的無能。共產主義者和獨立的社會主義者都一樣。我們的投入成了徒勞，我們的奉獻是無用的，勞工們信任我們，現在，面對他們，我們要如何承擔我們的責任？」

　　在 1933 年，他喪失了公民身分，離開了德國，前往倫敦，接著又去了紐約，他在那吊死了自己，在 1939 年 5 月 22 日，在自己的旅館房裡。

正是因為知識分子不知道怎麼和人民說話，這一位才屈服於法西斯主義。他們把位子讓給了煽動家和記者。

知識分子只對知識分子講話，以及幾個讓他們有了有話可說的幻覺的政客。但人民只會產生自己的奇想。他是種不透明的存有，是種無聲的脈搏，只按自己的節奏跳動，但卻會突然終止，在回覆自己的跳動前爆炸。打拍子的永遠是他。人民：這無法描述的實體，抵抗一切定義，這在戰爭時興奮、在和平時煎熬的大眾，他們有時看似要求真理，甚至成了「庶民智慧」（sagesse populaire）的化身，就在他們為最低劣者歡呼之前。人民是無可理解的。但我們都是人民，但同時，人民卻不是我們。人民是個陌生的軀體。知識分子不是人民的一部分，因為他們是知識分子。他們並非人民的菁英，因為他們並不統治、也不影響人民。人民是誰？

人民不喜歡馬鈴薯：這東西會帶來瘋瘋。非得讓法國國王本人同意戴上一朵馬鈴薯花在他的王冠上，人們才終於願意吃馬鈴薯。

德國人民喜歡阿道夫‧希特勒，以一種誠懇而無可抗拒的愛。義大利人喜歡貝尼托‧墨索里尼，以同樣強烈的愛。人民懂得愛自己的暴君（tyrans）並讓自己變得暴虐（tyranniques）。仰賴人民的知識分子也想變得和人民一樣暴虐。他們準備好要和第一個到來的暴君合作。

誰曉得千年帝國（Reich millénaire）不會在某日重臨，在柏林或是其他地方，在人民要求新的瘋狂的時候？全世界的知識分子都大可伸手幫忙，他們一點也不會改變。就連那些服務於法西斯主義的知識分子都沒有用。沒有人能用語言殺人。

華特‧班雅明做了一件令人十分感動之事：在 1936 年，他用德特列夫‧霍爾茲（Detlef Holz）的筆名，在瑞士發表了二十五封德文信，在這些信中，他在眼裡喚回了真正的德國文化。這本書名叫《德國人》（*Deutsche Menschen*；*Gens allemands*）。藉由這些信中的語言與感受的質地，他也想挽救他那猛然衝往毀滅的國家的靈魂。

阿多諾在他寫的跋文中說：「這本書毫無阻礙地流傳到德國，但在那兒，卻毫無政治影響力：會讀這種文本的人無論如何都已經與當時的政權為敵，而要增加他們的人數並不是一件容易的任務。和我們這些其他的外移者一樣，班雅明欺哄自己，以為知識和俄國人最終將取得某種不給精神任何自主性的權力，並視之為某種可以無懼於任何挑戰的簡單手段。精神幾乎無法設想自身的消滅這種概念。」

　　還有比讓其他人勞動更糟的：那些說著勞動者的解放、卻對勞動或是無數人類拯救者大談特談的著名「異化」毫無認識的人，從卡爾・馬克思開始。然而馬克思本人卻對工人發言，而不用辛勤工作，在夜裡，在勞動者的圈子裡。然後，他為每句話所付上的代價是屁股上痛苦的發炎：「不論會爆發的是什麼，只要這發炎繼續，資產階級就會記得我的疔瘡……」

　　華特・班雅明未曾用雙手勞動。他是典型的「好家庭的布爾喬亞孩子」，愚蠢地愛上了工人階級。不僅如此：他認為他自己的解放若沒有普羅階級的解放便無法完整。但班雅明一點也不了解普羅階級。他說著馬克思主義知識分子的行話，背叛了自己的社會階級，透過意識形態的挑釁，透過書寫。這就像作家詛咒布爾喬亞思想——自己的思想。但他是從哪說話的呢？

　　他既不富有也不貧窮，儘管他恆常活在沒有收入的煎熬底下。他和家人失和，他打壞了和軍事機構以及大學的關係。他是拿鵝毛筆的傭兵，藉由翻譯與為報紙寫稿為生。他也靠賣書為生，因為他是個書痴——一種可愛的惡習，或許得自於他父親，後者成了個骨董商。至於他的錢，則都被賭光了。

　　希特勒奪權時，班雅明並未立刻摸透獨裁政權的底細。和許多知識分子一樣，他也把籌碼放在政權快速倒台上。在第一時間，面對各式各樣的事件，他表現得泰然自若。但事件急轉直下，儘管可靠的消息難得，但至少在 1933 年 3 月，事情在他看來「已經毫無疑問，已經有數不清的人在夜裡被拖出被窩，遭到虐待或是謀殺」。

　　在 1928 年訪問安德烈・紀德時,班雅明將他的思想比成一座堡壘:「其結構一樣無法掌握,滿是孤立的圍牆和尖利的碉堡,最重要的是形式上一樣嚴格,其辯證的目的性結構一樣完美。」

　　紀德引了這句布干維爾的話:「在我們離開這座島時,我們稱這座島為救贖。」他加了一句:「我們不是只有在離開某物時才為之命名。」

　　1932 年 4 月 19 日，星期二上午——一整夜的奔波，穿越瓦倫西亞市（Ciudad de Valencia），連結巴塞隆納與伊比薩島的地方，停靠在岸邊。班雅明從三等艙的廂房離開。他緩步前行，步履沉重地走向在港邊等他的朋友。菲立克斯·諾埃格拉特（Felix Noeggerath）和他相識於十五年前的慕尼黑，他們和萊納·馬利亞·里爾克（Rainer Maria Rilke）一起上馬雅和阿茲特克文明的課。諾埃格拉特從柏林出發，移居到聖安東尼奧（San Antonio），距離伊比薩島有十五公里遠，伴著他的是美麗的瑪麗耶塔（Marietta），他的第三任妻子，還有他的兒子，語文學家漢斯·雅可布（Hans Jakob），以及他的兒媳婦。

　　諾埃格拉特是哲學博士，對歷史、神學、數學和語言學深具熱情，他對班雅明充滿了深刻的崇敬，不吝於肯定他的「天才」，而諾埃格拉特本人也是個天才。但是，儘管兩個天才相遇了，他們還是明白附在他們身上的是同一個魔鬼，他租給諾埃格拉特一棟島上的房子，卻不當他的房東，而是占了班雅明在柏林的公寓，不付房租。除了財務的困境之外，班雅明還為了他的手稿而苦惱，因為可能在他逃離後會被別人拿走。他本想回柏林，但國家社會主義狂歡的前景拉住了他。

　　在伊比薩島，班雅明先是住在諾埃格拉特的房子裡。在白天，他試著逃離混亂與嘈雜，好躲進「這個地區古時的美與孤單」。他在六點或七點起床，到海裡沐浴，目光消失在海平面裡。接著他就躲進森林的灌木叢裡。他讀書、塗鴉或是曬太陽，抵著樹幹席地而坐。漫長的白日過去，幾乎帶走一切：「強烈的黃油般的燈光、酒精與泉水、白晝的挑逗與閱讀。」

　　將近兩點時，他回到東道主家吃中飯，在前往咖啡館流連前玩點撲克和骨牌。到了晚上九點、十點半或是更晚，他回到他的房裡——他和「三隻蒼蠅」共享的房間——再沉浸到一本書裡。

　　他讀什麼書呢？舉例而言，托洛斯基——奪走他最後一口氣的人——的自傳。

　　後來，他獨自住在一棟屋子裡面，每天吃三頓飯，是當地菜，每餐他付1.8馬克。

　　伊比薩島——伊維薩（Eivissa，加泰隆尼亞語）——在西班牙的巴利亞利群
島中，古希臘羅馬時期未受破壞的活見證，毫無廢墟或是遺蹟。儘管西班牙人占
了主導地位，迦太基人與摩爾人的女兒，還是長年保存著腓尼基人、羅馬人與阿
拉伯人的遺產。這是整個群島中最非洲化的一座島。島民還在製作陶器與鴿子女
神伊絲塔，以及白羊之神巴利的雕像，兩千年來依然如此。

在伊比薩大教堂的鐘樓上，刻著一句銘文：Ultima multis——對許多人而言，這是最後一個。班雅明對這句話印象深刻。

　　女人的穿著是長袖的短上衣，外面套著披肩，背部打褶的繡花絲質裙，下垂及踝，由一圈圍裙護著。如果裙子太寬大，那是因為底下疊著十層以上的襯裙。

在途經這座島嶼時,卡繆曾寫道:「如果這個地方的語言和我內在深刻回響的事物如此合拍,那並不是因為它回答了我的問題,而是因為它讓這些問題變得無用。」

　　在這個「遺忘之島」上，居民們構思並建造自己的住所，像是從古埃及的建築繼承而來的「鄉下皇宮」。班雅明對這些沒有建築師的建築讚嘆不已，讚嘆其樸素，以及伊比薩島人與地景之間保持的關係。在這些本地的住宅中，「牆上的白，就算在影子底下，也依然耀目」。

在主房裡總是擺著簡單得撼人的椅子：「它們有千言萬語。」

　　幾個世紀固定不變，被歐洲其他地方所遺忘，從三〇年代起，伊比薩島變成了遊客興趣的中心，以及難民避居之地。但是，在 1932 年，它還未受到國際商務以及現代性的侵擾。舒適在此並不存在。班雅明並不抱怨。此時，他享受著某種無所掛慮的生活，因著這裡壯麗的景致，其「完整無損」為他所僅見。

　　農業與畜牧都還維持古法:「島上不可能找到四頭以上的母牛,因為農民還緊密連結於以山羊為主的傳統經濟;我們看不到農業機具的陰影,田地的灌溉則數百年來不變,由騾子拉動水車完成⋯⋯」

　　從他的房間,可看到海面和岩礁,在夜裡被燈塔的光照得發亮。「不幸的是我們大可懷疑港邊一棟旅館的建築便可讓這一切消失。」

　　從在此住下的第一天起，他就和歐佳・帕蘭（Olga Parem）交上了朋友。他們倆一起探索這座島，徒步或是搭船進行長途旅行。然而，他一求婚，她便離去。

　　抵達此處四個月之後，班雅明再度離開，前往法國，中間途經馬約卡島（Majorque）。他在 7 月 22 日抵達尼斯，在「小公園」旅館一間房裡下榻。疲憊入骨，或許和歐佳分手擊垮了他，以至於他突然決定要讓自己死去。他擬了遺囑，寄了訣別書給親近的人。但他終究沒有這麼做。沒有解釋。

班雅明現在已經相信，納粹的勝利近在眼前，並且將宣告一場新的世界大戰。到了 1926 年，他年輕時的朋友哥舒姆‧舒勒姆已經選擇離開德國，在耶路撒冷新成立的大學註冊前，先到巴勒斯坦學習猶太神祕主義。他試圖說服班雅明加入他，但卻徒勞無功。他也提議要給班雅明一個教授職位，但出於各種理由，班雅明二十年來一直推託。然而他一直深受猶太教所啟發，這個樂於和自己的浪漫主義遺產連結的神祕主義者：「幸好有純猶太的天使，我才能讓基督教的波特萊爾升天。」

他不僅游移在同化與猶太教之間，也游移在錫安主義與馬克思主義之間。必須說清楚的是，如同漢娜‧鄂蘭所強調的，至少從十九世紀便開始加劇的、著名的「猶太問題」，是日耳曼語系的中歐所反覆出現，但卻只留在知識分子圈子裡的爭論，因為社群裡的大多數人對此並不感興趣。尖刻而挑釁地反對猶太教的觀點，經常是出自猶太人作家──奧托‧魏寧格（Otto Weininger）[39]、卡爾‧克勞斯、弗蘭茨‧卡夫卡。

關於猶太人與德國文化的關係，錫安主義知識分子庫特‧布魯曼菲爾德（Kurt Blumenfeld）[40]在 1912 年出版了一份著名的論戰文獻。這本題為《猶太─德國之詩》（Le Parnasse judéo-allemand）的小冊子給班雅明留下了深刻的印象。在那個年代，錫安主義和共產主義一樣，經常成為兒子反抗父親的託辭，而後者既然事業有成，便夢想著他們的孩子能親近他們祖輩的文化，《塔木德》或是《妥拉》的文化，好「免於為了謀生而折腰」。班雅明和他父親之間的關係至少和卡夫卡家一樣緊張。後者將猶太人的精神形容為「小氣、卑鄙而虛假」；班雅明只對體面的猶太人表現尊重，也就是「那些一文不名的人」。

在他的文章〈魔鬼天使〉（Agesilaus Santander）[41]當中，他寫道：「在我出生時，我父母突然有了我可以成為作家的念頭。他們談論到：他將會如何，但如果所有人都不立刻發現我是個猶太人，那就好了。這就是為什麼，在我常用的名字之外，他們還給我加了兩個別的名字，特別少見，讓人無法發現他們面對的是個猶太人……」

38. 德國表現主義代表劇作家。

39. 奧地利哲學家，著有《性與性格》，本書是他的博士學位論文，獲得學位後一年出版，而他也在同年自盡。

40. 生於德國的錫安主義者，是漢娜‧鄂蘭的朋友。

41. 根據蘇珊‧桑塔格所述，舒勒姆曾經在書信中透露，這是班雅明想給自己取的一個祕密的名字，舒勒姆認為應該是「天使的魔鬼」（der Angelus Satanas）的變體。參見桑塔格，《在土星的星象下》。

兩個法西斯

波隆那，1980 年 8 月 2 日——在白天，波隆那火車站發出巨大的爆炸聲響。這是鉛彈年代（des années de plomb）⁴²最血腥的一次攻擊：八十五人死亡，兩百多人受傷。受譴責的有新法西斯主義活動家，以及軍隊祕密軍官和利秋・傑利（Licio Gelli），共濟會 P2 會所的領導人。但真正的資助者將永遠不會被正式指認。

　　12 月——一場灰色的雪在洛桑死去，領土上委靡的水塘，緊黏在鞋底，馬路上委靡的積水被汽車濺汙。夜晚迅速降下。喝餐前酒的時刻到了。我隨機亂走，而隨機讓我迎面碰上的是費茲瑞（Fizery）。我已經有至少十年沒見到他了。我們撞上了彼此的胳膊，或許我們終究是喜歡彼此的。他在這些時間裡都變得怎樣了？

　　我們決定去喝一杯。他習慣去卡波拉爾酒吧，一間我沒去過的酒吧，只有城裡的年輕法西斯會去。「正好，」費茲瑞說，「我和史特魯戴爾（Strudel）有約。你記得史特魯戴爾嗎？」

是的，我記得史特魯戴爾，費茲瑞與我和他同班，在一間我只待了三個月多的寄宿學校裡。那裡只有被父母排拒的有錢小孩，其他幾個，像我，則是「有嚴重學習障礙」。前幾個是傲慢的小流氓，絕不感情用事，是真正的犯罪之才。史特魯戴爾就是一例。他曾經被選為班代表。高大，自以為俊美，有美國演員之風，一個完美的下流胚子。導師把我們交給他的時候，他正轉過腳跟，隨著史特魯戴爾展示納粹敬禮，並強迫全班舉起手臂。如果有人抗議，他就會到那人跟前，用老師的木棍打他的腦袋。接著他站上講台，在黑板上畫上一個大大的倒卍字[43]（croix gammée）。在這之後，他坐在老師的座位上，把腳擱在書桌上。他大聲咒罵猶太人，甚至咒罵希特勒，說他無能消滅所有猶太人。史特魯戴爾承諾要做得更好。

　　有一次，他凶狠地責備班上唯一的一個猶太女孩，一個深膚色、葡萄牙籍的漂亮黑髮女孩──她的父母是薩拉札（Salazar）附近的批發商。她習慣對史特魯戴爾撐著腦袋，後者則難以掩飾自己受她吸引。但這次，他卻使盡全力打了她一個耳光。她翻身倒地，他還踹了她側身幾腳。我們得好幾個人出力才能制住他。這件事鬧到了校長室。史特魯戴爾被免除了班代表的職務，其他則不了了之：他老爸的手臂很長[44]。

　　幾個星期過去了，然後，在某個美好的日子，史特魯戴爾消失了。我們照常在餐廳喧譁，就在校長進來的時候。他要求全場安靜，告訴我們史特魯戴爾父母的車子撞上了一輛前往摩納哥的大貨車。他們當場死亡。史特魯戴爾不會立刻返校。我們聽見蒼蠅在飛的聲音。沒有人說話，沒有人悲傷。史特魯戴爾罪有應得。

　　就我而言，史特魯戴爾既未汙辱我，也很久沒再打我了。他在我剛到學校的那段日子戲弄過我。他和他的同伴曾經把我扔進小便池，又用腳狠踹過我，然後解開鈕釦尿在我身上。

接著，冬天到了，他們脫掉我的衣服，將我赤身裸體地扔進院子裡，用捏得緊實的雪球轟炸我。

在食堂裡，他們先是輪流在湯裡吐口水，再強迫我喝掉整碗湯。最後，史特魯戴爾會拿走我的叉子，折彎兩端，像是鉤子。他給我一塊肉，然後，當我的嘴巴靠近時，他用叉子拍上我的嘴唇和鼻孔。我滿臉鮮血，被舍監送到保健室。

這就是史特魯戴爾，我將在卡波拉爾酒吧與他重逢。費茲瑞和我在骯髒的雪地裡行走。車燈讓我們目不能視，讓每片飄落的雪花在布幕上的影子像是燃燒的隕石。費茲瑞的頭髮全濕了。他的臉被照得透亮，顯露出在夜晚的殘酷中被燻黑的眼皮，雙眼突出，雙唇扭曲了他兔子般的門牙。他又高又瘦，身上套著他的鎮暴警察外套。人們會說他大半是個瘋子。因為他令我厭惡，或許，幾年前，他曾經激起我的好奇。後來，首先，當我抵達他的教室時，他成了我的鄰座。他是唯一一個沒有鄰座的學生，而這已經足以讓我提防他了。很自然地，我們互相認識了。費茲瑞是一個南非電梯營造商的兒子。他在那兒長大，在種族隔離政權底下。和他一樣，他的家人全都是種族主義者，但他們還是把他交給一個黑人女管家照顧。他喝的是她的母乳。

他不像史特魯戴爾那樣是個公開的納粹支持者，不那麼為猶太人而著迷，但他還是恨全世界。一股仇恨猝不及防地占據了他，他乳黃色的臉孔霎時間轉為猩紅。他的雙眼像球檯軌道上的球一般溜轉，牙齒上黏著唾沫。

老師在把他的作文還給他之前，忍不住念了幾段，而全班都笑開了。他的作文裡是一連串沒頭沒腦的咒罵，充滿了斷續的浮誇句子。老師在諷刺與憐憫之間游移不決。費茲瑞則將他的盛怒吞下肚裡。

除了有一次：他抬起書桌的桌面，將手放在一瓶裝滿了酒的瓶子上。他轉開瓶蓋，放了某種金屬屑在裡面，然後重新封上這個配方，拿去加熱。那東西像極了一個小型的自製炸彈。

　　他高聲說道，如果導師不給他夠高的成績，他就要把全班炸掉。我們跳起身來準備出去，但費茲瑞猛地擋住了門，將燃燒破布的瓶子拎在手中。在混亂中，導師終於讓他冷靜下來，示意會給他更好的成績。

　　費茲瑞重新回到座位上，打開瓶子。一小片雲散開。「這只是個玩笑，」他把瓶子扔到後方。

　　接著他定睛看著我，眼神中有難以形容的失落。費茲瑞真的精神有問題。他被停學了好幾天。再度回到教室後，他狀況並未改善。

　　他有好幾把鉛彈卡賓槍。他還鋸短了其中一把槍的槍管。

　　有一次，他打造了一管大到足以住進一隻活老鼠的火箭。他用某種自製的粉末填充機械底座，接著點燃引信。幸運的是，我們都躲在堤防後面，因為火箭在地上就炸開了，撕碎了那隻可憐的動物。費茲瑞暴跳如雷。在內心深處，他的精神狀態很單純：他喜歡威脅、告發、讓人受苦；對他而言，朋友與敵人沒有太大差別——如果他有朋友的話。至於我，我兩者都不是。他得看著辦。

　　費茲瑞很懶，從來不做作業。他什麼也不懂，儘管他自己搞定了英文、數學以及特別是化學。最糟的是拉丁文。他要求我讓他抄，代價是一把糖栗子。然而，有一天，他突然闖進我的房裡。他頎長的病態身軀、淺色的雙眼，以及硬質的髮縷，像是額前的刻痕：他從未如此駭人。他手上拿著一把鉛彈卡賓槍。毫不遲疑，他朝我的雙腳開火，並大喊：「跳啊，軟腳蝦，給我跳舞！」他開著槍，我跳著舞；他繼續開槍，我繼續跳舞。他真的有病。他從此以後作弊都不用付代價，對他而言，這是極大的滿足。

費茲瑞和史特魯戴爾，雖然他們共同崇拜希特勒和一切像是法西斯的事物，但卻一點也不欣賞彼此。史特魯戴爾看費茲瑞為一個無法控制的競爭者，其醜陋與缺乏智力令他敬而遠之。相反地，史特魯戴爾的俊美與口才令費茲瑞難以忍受，令後者經常想要將他「解決掉」。他對我傾吐過他荒謬的暗殺計畫。至於我，則努力試圖要讓他理解為何警察會立刻懷疑到他身上。這時費茲瑞低下了頭，露出沉思的樣子，又憤怒地咒罵。

　　後來我被學校退學。我忘了費茲瑞和史特魯戴爾。直到 1980 年 12 月的這天。

　　與費茲瑞重逢最讓我驚訝的是：他幾乎沒有怎麼變。永遠搖晃著同樣的身子，包裹在米色大衣底下。他半瘋狂的雙眼永遠突出在他的臉孔上。他掉了些頭髮。他的牙齒，永遠那麼醜，也都黃了。菸草的關係，或許。他成了個建築師。多好的職業，對一個如此精神失常的人而言。但這隻怪物能夠蓋什麼？肯定是可怕的東西。話說回來，他幾乎算是討人喜歡，幾乎是熱情也幾乎算親切，這個老費茲瑞。他將手臂搭在我的脖子上，彷彿我們未曾分離一樣。我們就這樣走著。我們在雪中緩步行進。卡波拉爾酒吧的玻璃像是一間小商店：窗簾拉上，柔和透光。我們走了進去。幾個還算年輕的傢伙，短髮或是光頭。兩三個女孩，最多。然後是史特魯戴爾。沒變。自以為俊美，優雅，生氣勃勃，有病。
　　「小娘炮！媽的，真的是你？你剪了頭髮，好久啦！太好了。」
　　「你呢？一直是個納粹？」
　　「你對納粹有意見嗎？」
　　「是啊。」
　　「你還是一樣蠢。你什麼都沒懂。你看到波隆那的事情了嗎？」
　　「什麼，波隆那？」

「波隆那！你看到他們做了什麼了嗎？」

「誰啊，『他們』？」

「我們的人啦。」

「你很得意？」

「高興得不得了啊！我們就等這個。結束了，小鬼的義大利和歷史妥協的娘炮。我又認真起來了：如果這還不夠，我們在波隆那再來十次。」

「死了將近一百人，你什麼感覺都沒有？」

「要死千人、萬人，直到他們了解為止。」

「你呢，費茲瑞，你怎麼說？」

「這太棒啦。」

「什麼太棒了？」

「我們幹得好啊。」

「但你和那件事有什麼關係？」

「我們是世界的主人！」

聽他們說，放炸彈的人到了，距離不遠，或許就在卡波拉爾。總之，他們已經離開了義大利。或許費茲瑞和史特魯戴爾認識他們。他們想像我是他們一夥的，因為我頭髮短。無論如何，費茲瑞對波隆那這件事毫無理解。他太病態了。但誰知道呢？他對大屠殺是麻木的。這幾乎符合事物的秩序，在他那失序的精神裡。至於這個吹牛的史特魯戴爾，我不知道該怎麼想。他評判我，他掂量我，他吹噓自己，他是個法西斯小派別的積極成員。我跟他說恐怖攻擊事件背後的是 P2 會所，或許還是義大利祕密警察幹的。

「共濟會都是些娘炮。」

「或許他們是在操弄你們。」

「沒有人操弄我們，我們是世界的主人。」

「在班上，你這個世界的主人並沒有待太久。」

我離開了。雪已經停了。一陣冰風掃過路面。我進了城，受夠了史特魯戴爾，受夠了費茲瑞。但我還得再見到他們。

某個週日，我們一起出發，在森林裡拿有望遠鏡的槍開了幾槍。費茲瑞的神態越來越怪，而他的怪異惹火了史特魯戴爾。費茲瑞無論何時，都像散在四處的臭氣。

　　「有瓦斯漏氣，你們有聞到嗎？」

　　「我們在森林裡，老兄。」

　　「我說的是我要掐死你！」

　　他逃得飛快，在山上高處飛奔，並使盡全力高喊。「他瘋了，」史特魯戴爾嘆道，「這傢伙徹底瘋了。」

　　回到我們中間時，他坐在車子後座，仰著頭。他滿臉是汗。喘不過氣來。

　　幾天後，費茲瑞與他的建築師同事一同造訪工地時大喊：「瓦斯！瓦斯！我們要用毒氣毒死你！」沒有人能讓他冷靜下來。只好讓一輛救護車把他送到醫院去。

　　精神醫師診斷他是妄想型的精神錯亂。必須讓他住院。史特魯戴爾和我到診所探望他。他已經認不出我們了。

　　我從此再也沒見過他。

　　我又意外在咖啡館裡碰上了史特魯戴爾。他喝著白葡萄酒，和牙醫菲斯特一起，後者我有一面之緣。這是個尖刻的老頭，但卻很有教養，有時還挺滑稽。他誰也不愛，對什麼都抱怨：抱怨社會的墮落、白種人的末日。他得了帕金森氏症，也無法再操持他的職業。史特魯戴爾在他面前充滿崇敬。

　　我和他們喝了一杯，然後第二杯，然後第三杯。菲斯特已經略帶醉意。他咒罵全世界。突然間，他宣布他很快就要終結這一切。

　　一架直升機將他放在阿爾卑斯山頂，還有他的登山器材以及三瓶白葡萄酒在他的背包裡。他睡在雪地裡，喝著酒。他慢慢感到醉了。他在冰冷的夜裡睡下，再也沒醒來。

　　幾天後，我在報紙上看到搜救團隊在阿爾卑斯山頂找到兩具屍體：是牙醫師菲斯特，以及另一個名叫史特魯戴爾的年輕人。

42. 這個字眼在歐洲不同國家指稱的年代不同，共通的意思是指左右派極端主義恐怖活動的年代。但在義大利是指 1960 年代末到 1980 年代末。

43. 指納粹黨的標記。

44. 指他父親有能力介入讓他不受進一步處分。

1933

　　1933 年 2 月 28 日，班雅明寫信給哥舒姆·舒勒姆：「面對這個新政權，我身邊的人最後的一絲平靜很快便消散了，人們開始承認空氣已不再能讓人呼吸了；自然地，觀點開始失去意義，既然我們的喉嚨已經被掐住。首先是從經濟層面開始。」

　　在他親近的人中間，貝爾托特·布萊希特（Bertolt Brecht）、齊格福里德·柯拉考爾（Siegfried Kracauer）、恩斯特·布洛赫（Ernst Bloch）都離開了德國。恩斯特·修恩（Ernst Schoen）已經被關進監牢，後來又獲釋。

1933 年 4 月 11 日——馬拉加市號（Le Ciudad de Malaga）進入了伊比薩島的港口。經過了十三小時的航程，並且是在三等艙，班雅明再次抵達這座島嶼。他是為了逃離掌權的納粹日益增長的仇恨。他拋下了大部分的個人用品，從藏書開始。德國他只會再回去一次，短暫的一次。

5 月 10 日，在柏林的歌劇院廣場，數千本從公立圖書館與書店中搶來的書被付之一炬。除了納粹狂熱分子外，點火的還有大學教授和大學生。

　典禮被規劃得像是集體儀式一樣。約瑟夫・戈博親自協助，並重申黨的主旨，特別是德國的「淨化」。接下來的其他火刑，在布萊梅、德勒斯登、法蘭克福、漢諾瓦、慕尼黑、紐倫堡，作品被焚毀的作者，包括貝爾托特・布萊希特、阿爾弗雷德・德布林（Alfred Döblin）[45]、西格蒙德・佛洛伊德、亨利希・曼（Heinrich Mann）[46]、卡爾・馬克思、庫爾特・圖霍夫斯基（Kurt Tucholsky）[47]、斯蒂芬・茨威格——以及華特・班雅明。

　在紅色哥德字體印刷的海報上，人們讀到：「猶太人只能用猶太人的方式思考。他們如果用德語寫作，就會說謊。」

　　班雅明開了句有名的玩笑：「第三帝國是一輛火車，不等所有人都上車便不啟動。」

　　對他而言，1月30日分出了「之前」與「之後」。

　　在聖安東尼奧，距離他抵達前不到一小時，前一年他住的屋子已經被分租給諾埃格拉特一家人。這是嚴重的欺騙，因為要用好價錢租到房子已經越來越困難了：這座城市已經降伏於推銷員的全新狂熱和遊客的入侵，大多是法國和德國人。

　　班雅明身無分文，或幾近如此。最一開始，他住在諾埃格拉特一家人蓋的房子裡，一棟設計不佳的現代建築：和令人景仰的伊比薩島房屋毫無相似之處，後者有節有度，比例勻稱，清新而獨立，這得歸功於厚達一尺的牆壁。

　　在這次長期的居留期間，他保持定期的通信，對象是哥舒姆‧舒勒姆，以及後來將成為阿多諾夫人的格瑞塔‧卡爾普呂思（Greta Karplus）。這些通信非常私密，包含著真正的文學遊戲與誘惑遊戲。

　　她寫道：「我念著你。你感覺到我對你說的了嗎？」

　　她想照顧她的「小德特列夫」（petit Detlef）──出自他的筆名德特列夫·霍爾茲。她定期給他寄「粉紅信箋」，也就是郵政匯票，他全以此維生。她怕知道他孤獨、沮喪或是健康不佳，怕他因「島嶼精神病」而陰鬱。她奉獻自己，帶著罪惡感：「我是否作了惡？我說得不好。我不是很溫柔嗎？」他從不忘記在每封信裡穿插一小句她將順從的請求：「你讓我感到如此快樂，因為此刻我知道我為何應該賺錢：我將你當作我永遠不會有的孩子給收養了。」

　　他的四十歲生日快到了，班雅明委婉地要求他的通信者給他提供一套新衣服，藉口說作家皮耶‧馬克‧歐爾朗（Pierre Mac Orlan）說人到了這個年紀，「最溫和的喜悅是穿上一件自己喜歡的衣服」。

　　格瑞塔給他寄了一件剪裁合身的衣服。

很快地，他與德語出版界的合作變得日益困難，就算用筆名發表也不容易。納粹控制了編輯部。他字斟句酌地為社會研究院寫作，但他和主任麥克斯·霍克海默的關係經常難以預測，因為班雅明不太順從他的馬克思主義信念——提奧多·阿多諾大體上共享的信念。

馬克思主義，亦即對一個無階級社會的信念，無疑是種武器，鼓動班雅明背棄他的布爾喬亞父母。但他的矛盾精神永遠無法滿足：要成為馬克思主義者，就得質疑馬克思主義。

如果理論是種針對歷史唯物論的有效賣弄，他卻感到理論尚未完成這點：對宗教的批判依然尚未完成。但他將拿來反對馬克思主義的武器比單純的理論更銳利；這武器的名字是流氓（lumpen），是被剝奪了所有權力、所有未來與所有階級意識的次無產階級。

馬克思主義忽視流氓，或者應該說是想像流氓將消解於無階級社會的降臨。班雅明完全了解這是種閃躲。他同時也沒少強調：這樣的一個社會不會完整，「在歷史的自由天空底下」，若是不滿足將最後一個一無所有者（moins-que-rien）、直到其祖輩都納入其中的條件，因為，如果會有拯救，那就得讓人得到正義，包括在所有有人活過的過去中。

過去有兩張臉：征服者的過去，這大有權利存在於現在，以及被征服者的過去，並不存在於現在。「對歷史而言，未曾有過一席之地者並未失落。」

歷史無法如此存在，除非滿足了當下要補償過去的創傷此一條件。對歷史的受害者所施加的不義應該被修復，儘管特別「困難的，是要將榮耀歸予那些除了認識他們的人之外無人知道其名的人的記憶」。

在班雅明眼裡，在所謂的歷史的普遍性當中，缺少了受壓迫者無聲的聲音。若不回復他們不幸的過去，普世性就是一句空話。

哲學家雷斯‧馬特（Reyes Mate）明白指出：「如果要讓社會付出不幸作為代價，普世性便不如一個個人有價值。真正的普世性在於認識過去對最微不足道的人所犯下的不義之舉的現實。」

革命的歷史學家，或是哲學家的任務，根據馬特的看法，是要「正視過去，亦即發展某種足以讓過往世代的一切追索都保有生命的記憶的理論」。班雅明補充道：「在過去的世代與我們的世代之間有種心照不宣的約定。我們早已在大地上被等候著。」

光是為生者的幸福歡呼並不足夠：必須修復死者的不幸。

馬克思主義在無產階級身上看到了革命力量的掌有者。它體現了「歷史主體」，是正在上升的力量。班雅明，他為弱者、邊緣人、受害者辯護──他幾乎要贊同基督教的信息：「我什麼時候軟弱，什麼時候就剛強了。」[48]就這樣，他反對馬克思主義，表現出某種徹底烏托邦（utopie totale）的態度。

他以流氓對立於英雄式的普羅階級，但還有妓女、閒人──光看不買的人──以及翻揀垃圾的拾荒者。他認同自己是個拾荒者。「一大清早，火大又帶著酒意，用自己的木棍尖端翻著話語的破爛和語言的碎布，在牢騷中裝進推車，時不時將這些被『人性』、『內在性』、『深化』給祝聖過的華而不實的破碎，諷刺地讓它們隨著早晨的風飄去。」

　　在一封於 1895 年 7 月 26 日寫給菲立克斯・歐本海姆（Felix Oppenheimer）
的信裡，胡戈・馮・霍夫曼史塔寫道：「我們是生命也是死亡，我們是祖先也是
孩子，我們是最確切意義上我們的祖先與我們的孩子，與他們同血同肉。因此什
麼也不會讓我們遭害，沒有什麼存在過的不在我們之內。」

　　班雅明用自己的方式，將累積下來的廢棄思緒收集成大量的引文，這代表的並不是令人厭煩的理論書寫，而是為思想展開新的路徑，從碎片開始重建思想：「我不會竊取任何貴重的東西，也不會挪用什麼靈性格言。只是一些破爛、一些報廢品：我並不想清點這些東西，只讓它們以唯一可能的方式得到正義：就是拿它們來用。」

　　在伊比薩島，班雅明避開了潮水般的遊客。他也不和伊比薩島民交往。孩子們給他起了個「可憐人」的稱號，語氣中帶著輕蔑。班雅明倒是嘗試過西班牙文，用上了各種不同的語言方法，但一無所成，全然不同於他為了書寫的目的而臻至化境的法文。

　　經常，在一大早，他便到島上步行。有時獨自一人，有時伴著年輕的漢斯·雅可布·諾埃格拉特，或是另一個陌生的夥伴：保羅·荷內·高更，他是保羅·高更的孫子。

　　二十二歲了——他出生於 1911 年的挪威。他住在一個隱身於山間的村子裡，遠離遊客與外國的居民，他在這裡嘗試過繪畫與雕刻，極度畏懼他祖父的影響。這是個孤僻而沉默寡言的小孩，話很少。

　　太陽燒著他們的臉與背。在「浸滿樹脂與百里香的空氣」中，班雅明停下腳步，重拾呼吸。他幾乎要窒息了。年屆四十，他的身體已然力竭。

　　「霎時間，似乎只有樹木還有生氣。」

　　兩個男人定期進行長途的「探索之行」，一日長達十四小時，或是搭船出遊，捕龍蝦。

　　他們穿越島上赤裸的荒野，其間有仙人掌、角豆樹、橄欖樹、針葉樹、百合花、粉紅月桂和核桃樹──島上最初的財富。

　　班雅明喜歡品嘗核桃。「趁核桃還白若象牙，像是羊奶酪和女人緊身襯衣的顏色。」

　　他們周遊原野，走過森林，爬上四處主宰大海的高山，穿越「田地的孤獨」，站在玉米田、番茄園和菜豆園前面。他們走過數不盡的小徑，「幾個世紀以來，農民和他們的妻子、孩子以及家畜行經的道路，從一塊田到下一塊田，從一棟屋子到下一棟，從一片牧地到另一片牧地……」有時，「在遠方，在橄欖樹與核桃樹之間，會有一輛四輪車一聲不響地穿過，而當路面消失在樹葉後頭，有著超自然體態的女人看來像是漂浮著，〔……〕在不動的大地上靜止不動。」

　　另一個多年來在島上生活的人物。他是拉吳・亞力山德烈・魏藍（Raoul Alexandre Villain），大戰前夕，他在巴黎的克華松咖啡館（café du Croissant）刺殺了讓・饒勒斯（Jean Jaurès）[49]。

　　在等待審判時，他一直被監禁，直到敵意終結為止。他在 1919 年被判刑，在愛國主義火熱的氣氛中。他的律師以精神失常辯護。他被宣告無罪。

　　他自我放逐到伊比薩島，自此之後便住在聖維森特村（San Vicente）。

　　居民給他起了個綽號叫「港口的瘋子」，因為他不停地講述他的宗教異象，並對聖女貞德有真正的敬拜。他還打算為自己立一座聖堂。

　　在西班牙戰爭開始後不久，於 1936 年 9 月 17 日，共和軍在聖維森特灣將他處決，這對佛朗哥軍有利。

　　人們找到了他的屍體，「喉嚨被割開，胸口開了個血紅的大口子」。

　　班雅明和一對法國伴侶交上了朋友,讓‧賽爾茲和姬葉‧賽爾茲(Jean et Guyet Selz),以及讓的弟弟,蓋‧賽爾茲,後者在伊比薩城裡開了一間酒吧:米格宏(le Migjorn),加泰隆尼亞語裡南風的名字。

　　但是,在聖安東尼奧,他的憤世嫉俗變得日益嚴重,肯定和諾埃格拉特的老婆與兒媳有關,「兩個可怕而庸俗的女人」,她們的對話「汙染了」整間屋子。「氣氛極其惡劣」,他對格瑞塔‧卡爾普呂思坦承。

很快地，他拉開了距離，落腳在一棟沒有玻璃、也沒有井的房子裡。

　　他還認識了馬克西米利安‧費爾許波（Maximilian Verspohl）。這個來自漢堡的年輕德國人是島上少數有打字機的訪客。班雅明有段時間將他當作志願的祕書。他為他繕打文本與文章，包括他用筆名簽署的文章。

　　費爾許波定期邀請他到家裡用餐，在場還有他的朋友，二十五歲以下的年輕德國人。

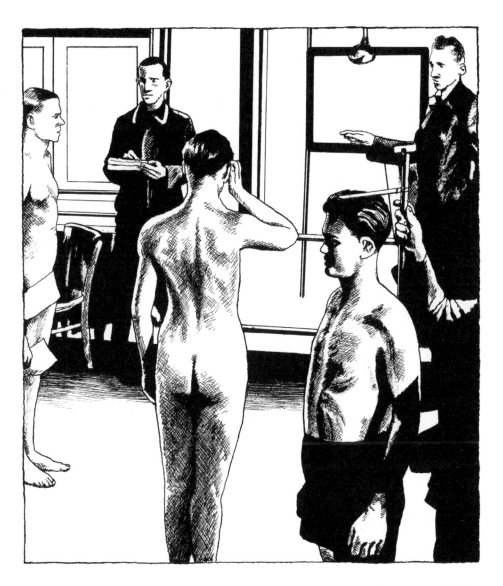

　更後來，馬克西米利安・費爾許波又再度前往漢堡，在那兒他將被任命為親
衛隊（SS）某一排的排長。

在對班雅明的描述中，讓·賽爾茲說道他有「總地來說相當德國」的沉重感，和他精神上的敏捷相對：「這是個徹頭徹尾的知識分子。如果有什麼令他氣惱的事，例如，某個他不喜歡的人來到，他會漲紅雙頰，像個密閉的大球坐在椅子上，像隻刺蝟，什麼也不能讓他停止緘默。」

班雅明在反思時總是用手抓著下巴，除了在抽菸斗的時候。那些年輕的德國人戲稱他為「你看，你看！」（Tiens, tiens!）因為，每次他走路陷入沉思時，他總是會停下來說：「這樣，這樣！」（So, so!）

他最喜歡的是提出理論，這讓賽爾茲不快，他有種這些理論缺乏基礎，而他只是拿他來試驗這些理論的感覺。

有天晚上，在賽爾茲生起火的時候，在木炭與燃燒的木柴前面，班雅明對他說：「你工作像個小說家，」然後補上：「沒有什麼比柴火更像一本小說了。這一切細心的建構，一塊接著一塊，一塊撐著一塊，完美的平衡，這是為了什麼？為了毀滅。小說也是。所有小說的主角都互相扶持，構成完美的平衡，而小說真正的目的是要毀滅他們。」

在 8 月，班雅明認識了荷蘭畫家托特·布勞波特·滕·卡特（Toet Blaupot ten Cate）。她已婚，三十歲，而他四十歲。他發狂地愛上了她。「你是自有時間以來我所能愛上女人的一切：不是你所擁有的什麼，而是你所是的什麼。你面容的特徵散發出讓一個女人成為一個保護者、一個母親、一個婊子的一切。」

他們的關係為時極短。她離開了這座島，而他們最後一次見面是 1934 年 2 月在巴黎。接下來七年，班雅明和知識分子圈的女性只維持朋友關係：雅德里安·莫尼耶、吉賽爾·弗洛因（Gisèle Freund）、漢娜·鄂蘭、格瑞特爾·阿多諾。愛情徹底離開了他。

在他的不幸面前，他做出貝爾托特·布萊希特的表態：「必須以多樣的痛來超越某種既定的痛。」

　　如果還有什麼事能讓他精神振作，那就是新咖啡館開張。這些咖啡館給了他個人的工作室。他喝什麼則隨意：茴香酒、蘭姆酒、西班牙葡萄酒。咖啡館：這是種「生命與日常的需求」──一種「惡」（vice）。

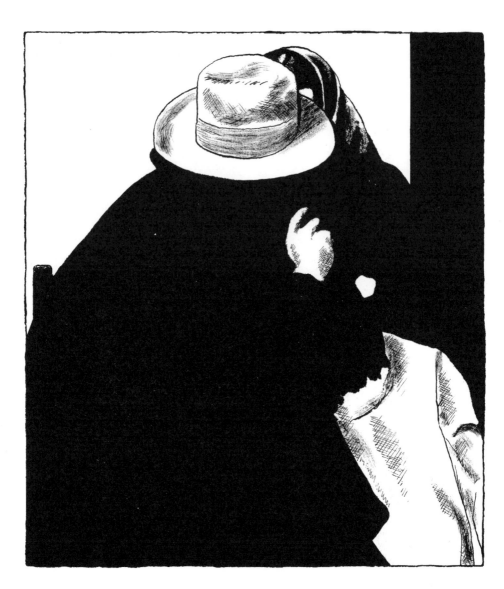

　　在一間柏林的咖啡館裡，他回想起那間半空的房間，以及那些看似占下了整間房的妓女。咖啡店：他非得馴服它們不可。為了什麼呢？為了等待，為了在自我的最深處品嘗等待，在抽一根菸、飲盡一杯咖啡、讀一份報紙、塗鴉一本筆記時。

　　根據賽爾茲的說法，班雅明飲酒非常節制。然而，在某天晚上，這兩個男人走進了米格宏酒吧。班雅明點了一杯「黑色調酒」。某個波蘭客人坐在吧檯前。她點了兩大杯 74 度的琴酒，並一飲而盡。

　　「我和您打賭，您沒法喝這麼多！」她大聲說道。

　　班雅明接受了挑戰。他喝了第一杯琴酒，吞下肚裡，在癱倒在人行道前還蹣跚走了幾步。賽爾茲費勁地扶他起來。班雅明想回自己家——他住在十五公里外——但他朋友讓他打消了念頭，讓他留宿。

　　幾經推託之後，兩個男人爬上了位於村子高地的屋子。班雅明酒醉而氣喘吁
吁，筋疲力竭地爬上階梯，直到清晨，賽爾茲才能將他擺到床上。醒來時，他發
現房間空無一人，只留了張道歉與道謝的字條。

　　萬般羞愧，不知為何感到羞辱的班雅明，決定結束他們的友誼，沒有任何解
釋，不然他就會待在兩人的關係裡：「像是一個惡毒的星座。」

　　在他寫給哥舒姆・舒勒姆的一封信裡，他暗示道：「我在秀麗的處境中變得
混亂，但無法在信中重述……」

所以那天晚上究竟發生了什麼？

　　賽爾茲最後一次和班雅明相聚是在巴黎，花神咖啡館，在 1934 年 3 月。他
剛從柏林回來。關於德國情勢的問題，他這麼回答：「從今以後，誰聽到有德國
人說文化，摸到口袋裡的左輪手槍是對的。」

　　在島上，班雅明受癤子所苦。他應該要待在床上。接下來，他染上了嚴重的高燒，很快將被診斷為瘧疾。「住在伊比薩島期間，我的力量因各種各樣的傷害而嚴重衰弱，惡劣的飲食還不是最糟的。」

　　在 1933 年 9 月底，身染重病的他，離開前往馬賽。他再也不會回到伊比薩島。

　　他最悲觀，但，和他社會研究院的朋友們相反，他決定留在舊大陸。「如果敵人勝利了，那連死人都不會有安全可言。」

「哈希迪派猶太教有個詞,表示在那兒,在未來的世界,一切都將和此處一樣。我們的房子也是,它也會在未來的世界裡;此刻我們的孩子安睡之處,它也將安睡在未來的世界裡。我們所穿的衣服,我們在那兒也穿。一切都會和這裡一樣⋯⋯」

眾靈

　　眾靈，埋藏在大地最深處，決定重返這個世界。它們既非眾神，亦非幽靈，僅只是眾靈。

　　它們集結成群，各自帶著某種強烈感受的名字。有幸福、有絕望、有渴望。此外還有疲累，是個頎長的瘦弱女性，哭紅的淚眼，髮型就像一捆燃燒的牧草。

　　在這一群當中，還有痛苦、喜悅、恐懼、悲痛與其他。

　　幸福是個肥胖的小靈，心情永遠喜樂，並且不會在自己的杯子裡吐痰。他啜著啤酒或是蘋果酒，這已經夠他肚皮鼓脹、雙眼濕潤。

　　現在，整群已成。誰只要對這些靈有粗淺的涉獵，就會注意到它們冰冷的手、它們麻木的身軀，因為它們剛躲過一個惡夜。而作勢向眾靈致意的人，只會聽到低沉的轟隆作為回應。

　　眾靈分散在山間各處，各自據守一方，或是兩兩成對，或是三五成群。

　　我已經在房子裡待了好幾天了。獨自一人。啥也不做。沒什麼可做的,除了準備三餐、洗衣、打掃,以及到花園澆花。

　　我就這樣一個人待在房裡。我傾聽這間屋子。我躲著將聲響壓到最低。在這棟屋子裡,我感到有另一棟屋子:一棟在屋子內部的屋子。

　　在母親的肚裡,有另一個肚子,一個在她肚子裡吃著的肚子。然後有一顆心臟,又一顆心臟,一顆對著母親的心臟跳動的心臟。

　　在這棟屋子，有另一棟屋子，一棟住著屋子的屋子。或許曾經是一棟屋子，裡頭住著人，住著活人，最終讓沉默變得濃稠的生靈。但此處卻沒有沉默，因為我聽到了樹木嘎吱的響聲、樹葉在風中摩挲的聲音、蟋蟀的歌聲、老貓嘶啞的嗓音。還有什麼？一輛摩托車在遠方的劈啪聲，一架飛機在天空深處的轟隆聲，一艘船的笛聲。

　　9月了，這個街區幾乎杳無人煙。所有人都走了。夏天，人們坐在走廊上。他們曾經吃喝。他們曾經暢飲。他們曾經說笑。他們或許也曾經哭泣。他們曾經訴說，說了一個又一個小時，直到清晨。我還聽得見他們在我自己的嘆息裡嘆息。夜裡的笑聲與另一夜的軼事，在屋裡的另一間屋裡。一棟過去的房子，在許久之前的過去。

　　突然間，我聽見了腳步聲。有人打開了門，掃視走道。另一層樓的地板嘎吱作響。來的是疲累，我肯定。它低聲嘰咕。我聽得一清二楚。我拉高音量：
「嘿，疲累！你在跟誰說話？」
「我在跟愚蠢以及沒耐心說話。我把門和窗子都關了，但它們還是進來了。它們一定是從破洞或是裂縫中滑進來的。但別擔心……」

　　我沒擔心。我向來都喜歡愚蠢，我也同樣喜歡沒耐心。它們對我而言就像某種愛撫。沒有多久，它們就會被倒吊起來，直到全身發紫。然而，愚蠢並不蠢，而沒耐心有夠耐心。無論如何，它們什麼都知道，甚且，它們還知道未來的日子會發生什麼事。然而，它們卻拒絕加以談論。

　　　那麼，後來那些日子、明天，以及更後來，究竟發生了什麼，在那些不斷前來的可怕年月裡呢？

　　今天一大早，我徒步離開，走上通往山巔的道路。我頭疼著，喉嚨發癢，很快我便感到我的血液向下流到雙腳，讓它們鼓脹起來。我的鞋子讓我雙腳疼痛。

　　在這個遲來的季節裡，還有成千上萬的蒼蠅。牠們在我周身激動不已。我徒勞地揮舞著樹枝，牠們卻還是攻擊我直到見血。必須說明的是，這裡的人都沒有臉孔，雙臂與雙腿則因浮腫與乾裂而免於攻擊。就連頭髮也是。蒼蠅成堆聚集在他們的雙眼旁。馬車夫下了車來驅趕牠們。牠們回頭又重新發動攻勢。

　　有那麼一刻,涼風撫過樹林,接著空氣又再度燃燒起來。道路在灌木叢間向前延伸,我感到完整成群的眾靈在下午微微顫抖。

　　此刻,在山脊上,我分辨出其他躲在峽谷中的靈,這些蹲在其他靈上頭的靈,這些在晚風擁抱中偽裝成樹葉與花朵的靈。我很確定:那時在每棵樹木中還有樹木,在每隻手裡都還有手。

　　這所有急速生長的柴堆、樹葉與矮樹叢，覆蓋了四處乾地上的碎石，掩藏著
成千上萬行乞的殘疾者、在饑荒中顯露老態的兒童、瞎眼的花朵、瘸腿的樹木。
這是憐憫在狂怒下的作品，它是個赤腳、結髮成辮的靈，穿著碎布織成的套衫，
破碎而酸臭。憐憫長久以來就以山丘為主要住所。它幹了以前屬於善良的蠢事中
的蠢事。

　　我進了門。我在餐廳的桌前坐下。晚餐由一碗胡椒與臭奶油調味的熱水開始，這油還泡過油炸青椒，接著，主菜是皮蛋和烤雞冠。葡萄酒味道極差。

　　夜裡，空氣黏人。熱浪敲打著我的太陽穴。蒼蠅起勁追趕著我。眾靈大為騷動。我心狂喜，因為從一頭到另一頭戰勝田野，頭頂著風，這是如此美好。

　　我曾希望自己沒有身體，或是我的身體能在一瞬間拋棄我。我特別希望的，是感受到當下無邊的喜悅。當然，我想要更好的、再更好的選擇：比更好更好的更好。的什麼？在哪？我感到幸福在場，胖胖的小靈，吮著它過甜的小指頭。

　　我又回到村裡，到房子裡。我穿上一件游泳衣，跑到灌到海裡的河邊。在那兒的水上，我不知道確切在哪，有具漂浮的棺材。

　　我得撐開被水流拖著的四塊木板。

　　死亡總是在追趕。它無聲地追上我們，在吞下我們之前吻上我們的唇梢。它不放過我們任何一寸，除了大地上的屍骨、被水泡脹的屍體，擱淺在岸上被鳥啄，或者有時一點不剩，除了風中一把灰燼。

　　驕傲與幸福在我浸水的棺木上彎下腰來。

　　痛苦前來並立刻深入大地的臟腑中，拉著驕傲與幸福。

　　我凝視著在我面前展開的大海。白晝的天空像黑夜上頭一頂被弄皺的帽子般舒展開來。全世界細小的枯枝都灑落在陡峭的河岸上。 我是否有天能像無邊的牧場上一根焦黃的細嫩小草一樣回來呢？

　　我深深地吸了口氣。我將手放到一個女人的頸背上：一個女人裡面還躲著一個女人。

參考書目

Isidore Ducasse
Poésies I et II
Gallimard, Paris, 1973

Kostas Papaïoannou
La Consécration de l'histoire
Champ Libre, Paris, 1983

William Faulkner
Le Faune de marbre. Un rameau vert
Gallimard, Paris, 1992

Paul Verlaine
Œuvres poétiques complètes
Bibliothèque de la Pléiade
Gallimard, Paris, 1938

Hugo von Hofmannsthal
Le Lien d'ombre
Jean-Yves Masson et Verdier, Paris, 2006

Ernst Toller
Une jeunesse en Allemagne
L'Âge d'Homme, Lausanne, 1974

Walter Benjamin
L'Homme, le langage et la culture
Denoël, Paris, 1971

Walter Benjamin
Mythe et violence
Denoël, Paris, 1971

Walter Benjamin
Poésie et Révolution
Denoël, Paris, 1971

Walter Benjamin
Correspondance I, II
Aubier Montaigne, Paris, 1979

Walter Benjamin
Allemands. Une série de lettres
Hachette, Paris, 1979

Walter Benjamin
Charles Baudelaire
Un poète lyrique à l'apogée du capitalisme
Payot, Paris, 1982

Walter Benjamin
Rastelli raconte et autres récits
Seuil, Paris, 1987

Walter Benjamin
Paris, capitale du XIXᵉ siècle
Cerf, Paris, 1989

Walter Benjamin
Écrits autobiographiques
Christian Bourgois, Paris, 1990

Walter Benjamin
Écrits français
Gallimard, Paris, 1991

Walter Benjamin
Images de pensée
Christian Bourgois, Paris, 1998

Walter Benjamin
Œuvres I, II, III
Gallimard, Paris, 2000

Walter Benjamin
Sens unique. Une enfance berlinoise
Maurice Nadeau, Paris, 2007

Walter Benjamin, Gretel Adorno
Correspondance (1930-1940)
Gallimard, Paris, 2007

Walter Benjamin
Récits d'Ibiza et autres récits
Riveneuve, Paris, 2011

Walter Benjamin
Expérience et pauvreté
Payot & Rivages, Paris, 2011

Walter Benjamin
Critique et utopie
Payot & Rivages, Paris, 2012

Vicente Valero
Expérience et pauvreté
Walter Benjamin à Ibiza (1932-1933)
Le Rouergue/Chambon, Rodez, 2003

Bruno Tackels
Walter Benjamin. Une vie dans les textes
Actes Sud, Arles, 2009

Reyes Mate
Minuit dans l'histoire
Commentaires des thèses de Walter Benjamin
« Sur le concept d'histoire »
Mix, Paris, 2009

Jean-Michel Palmier
Walter Benjamin
Les Belles-Lettres, Paris, 2010

Walter Benjamin. Archives
Klincksieck, Paris, 2011

聯經文庫
班雅明與他的時代 1：流浪

2019 年2月初版　　　　　　　　　　　　　　　　定價：新臺幣290元
有著作權・翻印必究
Printed in Taiwan.

著　　者	Frédéric Pajak	
繪　　者	Frédéric Pajak	
譯　　者	梁　家　瑜	
叢書主編	李　佳　姍	
校　　對	馬　文　穎	
	陳　佩　伶	
整體設計	江　宜　蔚	
編輯主任	陳　逸　華	

出　版　者	聯經出版事業股份有限公司	總編輯	胡　金　倫
地　　　址	新北市汐止區大同路一段369號1樓	總經理	陳　芝　宇
編輯部地址	新北市汐止區大同路一段369號1樓	社　長	羅　國　俊
叢書主編電話	(02)86925588轉5320	發行人	林　載　爵
台北聯經書房	台北市新生南路三段94號		
電　　　話	(02)23620308		
台中分公司	台中市北區崇德路一段198號		
暨門市電話	(04)22312023		
台中電子信箱	e-mail：linking2@ms42.hinet.net		
郵政劃撥帳戶	第0100559-3號		
郵撥電話	(02)23620308		
印　刷　者	文聯彩色製版印刷有限公司		
總　經　銷	聯合發行股份有限公司		
發　行　所	新北市新店區寶橋路235巷6弄6號2樓		
電　　　話	(02)29178022		

行政院新聞局出版事業登記證局版臺業字第0130號

本書如有缺頁，破損，倒裝請寄回台北聯經書房更換。　　ISBN　978-957-08-5258-5 (平裝)
聯經網址：www.linkingbooks.com.tw
電子信箱：linking@udngroup.com

本書獲法國在台協會《胡品清出版補助計劃》支持出版。

Cet ouvrage, publié dans le cadre du Programme d'Aide à la Publication «Hu Pinching», bénéficie du soutien du Bureau Français de Taipei.

國家圖書館出版品預行編目資料

班雅明與他的時代 1：流浪/ Frédéric Pajak著・繪 .
梁家瑜譯 . 初版 . 新北市 . 聯經 . 2019年2月（民108年）.
208面 . 17×23公分（聯經文庫）
ISBN   978-957-08-5258-5（平裝）

1.班雅明（Benjamin, Walter, 1892-1940）   2.傳記

784.38   108000160